Be! 〈季刊
増刊
No.26 December

この一冊で「自助グループ」がわかる本

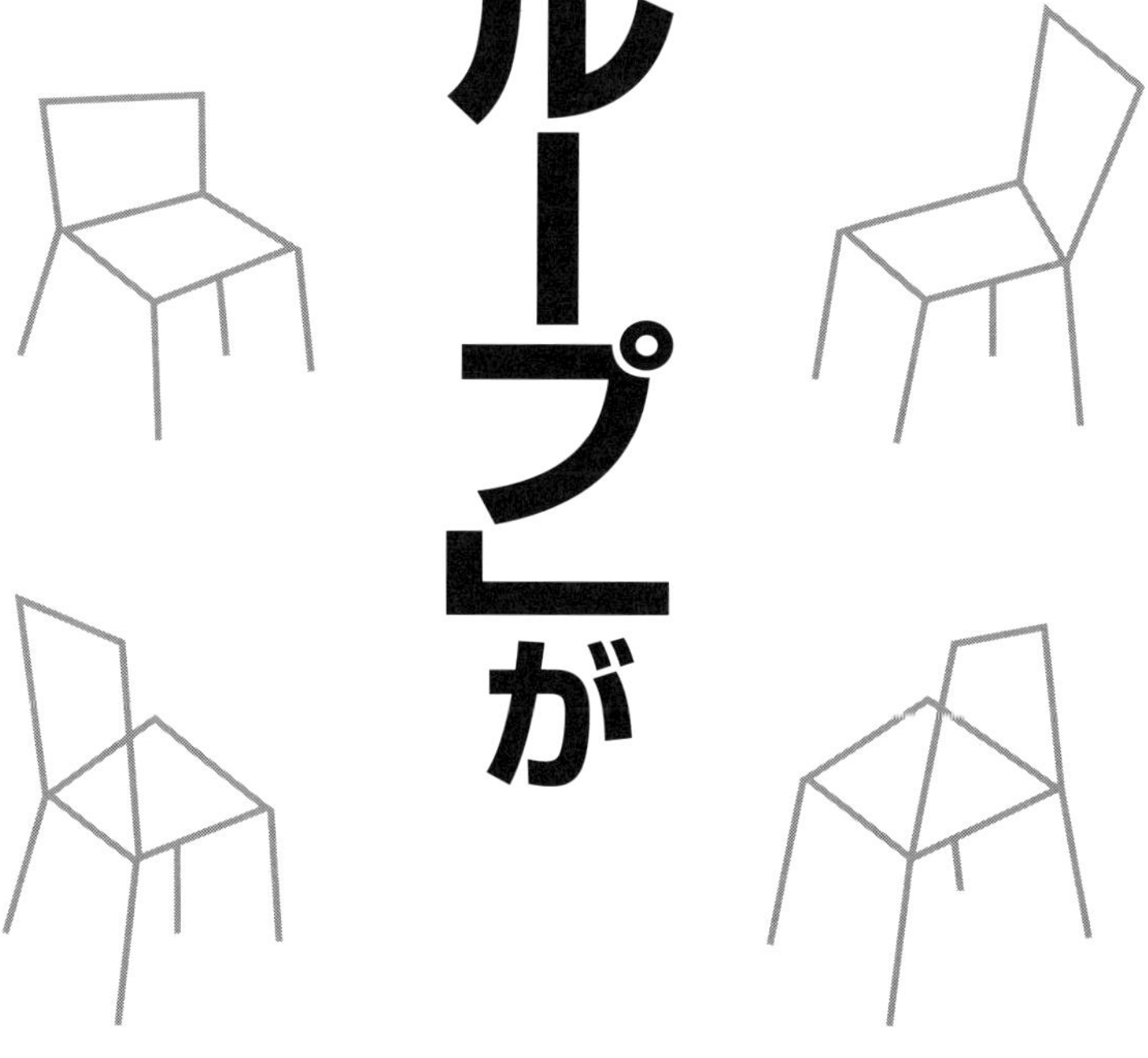

「自助グループ」って何？

自助グループとはセルフヘルプ・グループの訳で、共通の課題をもった当事者による当事者のための集まりです。相互支援グループ、ピアサポート・グループと呼ばれることもあります。

依存症分野のグループの特徴は、活動の中心である例会やミーティングにおいて、「自分を主語にして自分を語る」ことと、回復や成長のためのプログラム・指針を持っていること。

多くのグループは「言いっ放し、聞きっ放し」「ここで話されたことを外に持ち出さない」というルールのもとで運営されています。批判されたり意見されたりしない、話の内容がグループの外には漏れない、という安全な場の中で、一人一人が自分の体験や感情を語り、他の人の体験にじっと耳を傾けます。

……それが一体何になるのか？

自助グループについて知ったばかりの人にとって、当然の疑問だと思います。本書の手記やインタビューをお読みください。そして、百聞は一見にしかず、自助グループの場にぜひ足を運んでみてください。

ここでは大きな枠組みを解説します。

アメリカの「AA」→「断酒会」へ

自助グループのモデルとされるのが、一九三五年にアメリカで誕生した「AA（アルコホーリクス・アノニマス）」です。酒をやめようと苦闘していたビルと、同じく飲酒問題を抱えたボブが出会い、定期的にミーティングを行ない、アルコール依存症からの回復を始めました。

共通の課題をもつ当事者が集まって体験を語ることで、酒をやめ続けることができる――このやり方は、やがて世界に広がっていきます。なお、アノニマスは「無名の・匿名の」と訳され、本名を名乗る必要がありません。

日本でもAAに触発されて一九五三年、禁酒同盟の酒害相談所に出入りしていた人たちを主体に、日本初の断酒会として「断酒友の会」が発足しました。これは四年あまりで頓挫したあと五八年に東京断酒新生会として再発足。同じ年に高知県断酒新生会も誕生し、六三年に全日本断酒連盟が結成されます。

断酒会はAAをモデルとしつつも、会員制の組織であり本名を名乗ることが原則です。また、当事者だけでなく家族が例会に参加することも大きな特色です。

自助グループの広がり

一方、AAも一九七五年に日本での活動をスタートしました。八〇年代に入ると、NA（薬物）、OA（摂食障害、BAが改称）、GA（ギャンブル）、EA（感情・情緒）など、AAと同じく匿名性を原則とするグループが次々誕生します。

依存症者の家族と友人たちのグループも生まれました。八〇年のアラノン（アルコール）から始まり、ナラノン（薬物）、ギャマノン（ギャンブル）……。

また八〇年代からのACムーブメントで、依存症家庭で育った子どもにも焦点があたります。八三年にはアラノン内に日本初のACグループが誕生、九〇年以降、ACODA、ACAなどが続きます。二〇〇〇年には共依存のグループCoDAが誕生します。

これらのグループはいずれも、AAの「12ステップ」をもとにした回復のプログラムを用いています。

独自のグループも誕生します。一九八七年に設立された摂食障害のグループ「NABA（日本アノレキシア・ブリミア協会）」、トラウマ・サバイバーの「JUST」などです。

薬物の家族グループも各地にあり、全国薬物依存症者家族会連合会（やっかれん）を形成しています。

今回の手記でご紹介しているような、障害者のきょうだいグループや、発達障害をもつ人の配偶者を中心とした「カサンドラ症候群」のグループもあります。

この本は――

季刊『Be！』の関係者を通じて、またインターネット上で一般に向けて、自助グループ参加の経験者にアンケートを実施しました。「初めて行ったときの印象は？」「通い続けた理由は？」「グループを離れたことは？」などです。

寄せられた二二九人のお声をもとに企画をすすめ、回答者を中心にして手記をお願いしました。ご協力くださった方々に心から感謝します。

編集部

◆本書では、お名前やペンネームとともにグループ名を記載していますが、あくまで個人の声や体験であり、グループを代表するものではないことをお断わりしておきます。

もくじ

表紙デザイン　荒田ゆり子
編集　今成知美／武田裕子／近藤京子／土居ノブオ
『絵と言葉』の絵　森のくじら

1章

体験

自分だけじゃなかった

共通の課題や悩み、体験をもつ人同士が出会うことで、
何が起きる?
アンケートと六人の手記です。

アンケートより
自分だけじゃなかった

みちこ（NA）

こんなにたくさん（しかも女性！）

薬物の問題に苦しんでいる人がいることに、安心感を覚えた。

自分の話を仲間に聞いてもらうだけで、薬物への欲求がおさまってくるなんて、不思議だなと思った。

匿名（ギャマノン）

夫の度重なる借金から、ギャマノンを勧められた。

専門家もいないグループが自分の役に立つと思えなかったが、初めて行った日、泣けてきた。ギャンブル依存症に振り回される**愚か者は自分だけだと思っていたが**、似た経験をした人がたくさんいた。

ＫＴ（AA）

35歳以下の「ヤングミーティング」に出席した際、かなりのメンバーに**自分と同じようなリストカットの跡**があり、同じなんだなと感じた。

二神啓通（断酒会）

入会して２ヵ月たったころ、ブロック大会に先輩が誘ってくれた。その整然とした受付の風景や、あふれるほどの人数に驚いた。

「日本にはこんなに酒をやめている人がいるんだ！」

続いて高知で「松村断酒学校」があり、「最初の年は手伝わなくていいから、ずっと聞いておいで」と言われたため、文字通り体験談のシャワーを浴びた。

「この人たちのようになりたい」と思った。

匿名（薬物家族会）

子どもの薬物問題で、**まともに顔も上げられず、悲しみの中にいたときに**、初めて家族会に参加して、その明るさにびっくりした。

カイト（NA）

自分はゲイなんですが、ゲイの薬物依存症者のNAグループがあって、そこで仲間と分かち合いをしたときに、ここが居場所だと思いました。**悩んでいたのは自分だけではない**と気づくことができました。

スナフキン

AAや断酒会のほか、アルコール以外のさまざまなグループのミーティングにも足を運んだ。「なんだ！　私だけではなかったんだ」という共感にたどり着くには、私の場合、**多数あるグループに足を運び**、自分の状態にあった会場の雰囲気やメンバーなどを見つけることが必要だった。

H（AA）

スリップ（再飲酒）すると**飲んだ言い訳をするのは、自分も他のアル中も同じだな**、と思った。

カッコ内はグループ名です。
110〜111ページ「自助グループのリスト」をご参照ください。

「よく来たね」と言われた瞬間に、涙が出た

A・O（薬物家族会）

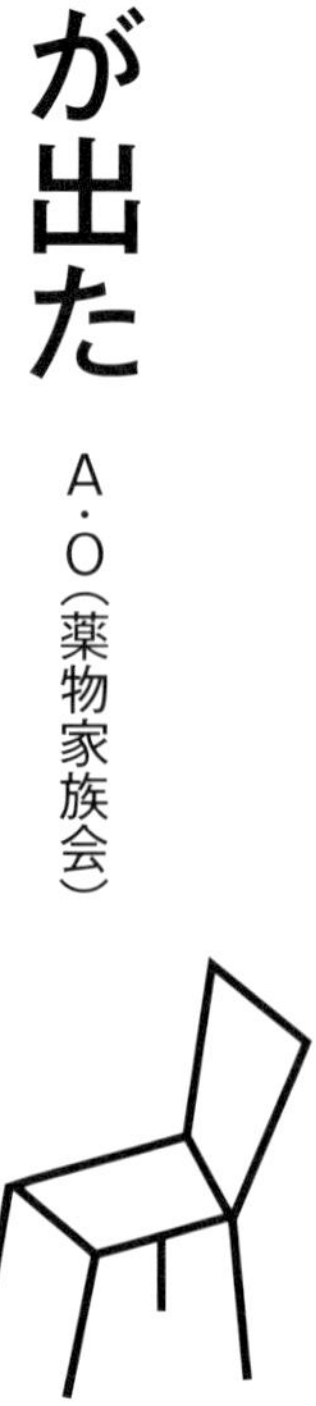

来る場所を間違えた？

「今週あるそうだよ！　『とにかく来てください。あなたたちと同じ人たちが大勢いますよ』と言われたよ！」

電話を切った夫の言葉を聞いたとき、これで何とかなる、やっと相談できると初めて希望を感じました。

その数ヵ月前、二十二歳の息子が逮捕されました。覚せい剤を使っているなんて、思いもしませんでした。執行猶予になったものの、二週間後にまさかの再逮捕。裁判では、一回目の刑期も合わさって、実刑三年の判決が下りました。そのとき初めて家族会というものがあることを弁護士から聞かされ、その日のうちに夫に電話してもらったのです。

家族会がどんなもので、誰がいるのかもわからず不安でしたが、迷いはありませんでした。覚せい剤なんて、逮捕、実刑なんて、誰にも言えない。どうしたらいいかわからない。すがる場所はここしかないと思ったのです。

会場の扉の前に立ったとき、中から賑やかな声が聞えてきたことを覚えています。夫と二人で顔を見合わせました。何？　何かケラケラ笑ってるみたいだけど……？

恐る恐る扉を開けると、三十人ほどが集まっていました。楽しそうに話しているのを見て、ここで大丈夫なのか？　もしかして来る場所を間違えたのか？　と思いました。もっとしんみりした雰囲気での少人数の相談会を想像していたのです。

ビギナー教室に連れて行かれ、薬物や依存について説明されました。会ではみんなが近況報告をしているだけで、しかも「本人は今、国の施設（刑務所）に入っています。四回目です」「本人が戻れないよう家を売りました」など、すごい話を笑顔で語っているのです。こんなので役に立つのか？　と不信感でいっぱいでした。

それでも次の月にまた行こうと思ったのは、何も聞かず「よく来たね」と

言ってくれた人がいたからです。その瞬間、張りつめていた糸が切れ、涙がぽろぽろ溢れてきました。

　やさしく背中をさすってもらったあの手の温かさは、忘れられません。もしあのとき、「よく来たね」と受け入れてもらえなかったら、私は二度と家族会へ行かなかったかもしれません。

　その日は本当に久しぶりに、ぐっすり眠れました。すっきりと目覚め、心が軽くなっているような気がしました。

仲間との時間が楽しい

　あれから七年が経ちます。

　今、私たち夫婦にとって家族会はなくてはならない場所になっています。

　四ヵ月目から夫が役員を引き受け、毎月出席するうち、家族会は役に立たないどころか自分を楽にしてくれる場所であり、元気をもらえる場だとわかったのです。

　私が知りたかった「これからどうすればいいのか」も、すべて家族会の中にありました。

　家族会は経験の宝庫です。たとえば本人が服役し、出所後にダルク（※）へ行ってほしいなら、親が身元引受人になってはダメ。ダルクから脱走してきても、家に入れてはいけない――。具体的なノウハウを仲間の経験から知ることができ、その大変さや進捗状況も分かち合うことができるのです。

　家族会で回復者の体験談を聞くと、自分の息子のことのように嬉しくなりました。ダルク・フォーラムで子どもと再会した仲間の話を聞くと、いつか自分にもそういうときが来ると思えました。回復のモデルが身近にいることが大きな支えとなり、私も笑顔で話をするようになっていました。

　刑務所にいる息子には、「出所してもあなたとは別の生活をしたい。ダルクへ行くか、自活するか選んで欲しい。ダルクへ行くなら援助はする」と手紙を書きました。息子は薬物依存離脱指導に来ていたダルク施設長と連絡を取り、出所後はダルクへ行きました。

　再会したのは、それから二年後でした。仲間たちに誘われ、全国の家族会やダルクのフォーラムに参加するようになり、そこでばったり会ったのです。感無量でした。

　イベントに参加するため、外に出て行くようになったことで、生活も大きく変わりました。夫とこんなにたくさん旅をするのは初めてです。意見が食い違うこともありますが、同じ目的に向かい進んでいる同志の感覚があって、夫婦仲もよくなりました。

　仲間と共に旅をして、道中や泊まり先でいろいろな話をして、ご当地の美味しいものを食べる。最近では、フォーラムより仲間と親睦を深めることの方が、楽しみになっています。

　今、もし私と同じような立場の人がいたら、その恐れ、不安はみんな同じだよと伝えてあげたいです。最初の一歩を踏み出すのはとても勇気がいるけれど、一人ではないよ、仲間がここにいるよ、と。

※ダルク＝薬物依存の回復施設。当事者によって運営され、全国各地にある。

どうしても同じゲーム依存の仲間と出会いたい

M・S（ゲームをやめる会）

自助グループとの出会い

私は「ネットゲーム依存症」。時間のコントロールができない病気だ。ほどほどに遊べるようには決してならない。まさか一生やめ続けなければならない病気とは思いもしなかった。

やめ続けることの厳しさは、AAやGAに出続けることで学んだ。やめなければ行き着くところは衰弱死か、気が狂って自殺だ。何年もやめ続けていたアルコールやギャンブルの仲間が、スリップ（※）して消えていった。仲間が身をもって教えてくれた、「この病気を甘く見てはならない」と。

酒を飲んで死ぬなら本望だ、アルコール依存症者は言う。私も同じだ。ネットゲームをやり続けて死にたかった。それほどまでに私は狂っていた。

今、ゲームをしない日々を八年続けている。それはアメリカで八二年前にAAが始まり、日本でもAAなどの自助グループを続けてきた無数の先行く仲間の努力があったればこそだ。そのおかげで私は今も生き永らえさせてもらっている。

自分も依存症かもしれない

対人・対社会恐怖とウツのため、十五年ほどひきこもっていた。なんとか外に出たかった。機能不全家族で育ったAC（※）。カウンセリングはうまくいかなかった。そんな時、ACの自助グループの門を叩いた。そこには想像を絶する大変な家庭で生き延びてきたACの仲間がいた。自分は世界で一番不幸だと思っていたが、そうではなかった。そこで初めて自分の話を聴いてもらったと感じた。

自助グループが自分の居場所になり、ミーティングに出て12ステップ（※）に取り組んだ。ステップを学ぶためにAAのオープンミーティングやセミナーに参加し、AAの書籍を読んだ。アル中に節酒はない。今日一日最初の一杯に手をつけないこと。その言

葉がなぜか心に残った。

　私は多人数同時参加型のロールプレイングゲームを何年もほぼ毎日やっていた。ネットゲームをやっていれば、人とつながっている気になれた。その世界でだけ自分は強くて有能だった。

　しかし、身体は衰弱していき、生活のリズムがどんどん崩れていった。一四〜一五時間ゲームをやり続け、一四〜一五時間眠り続けた。食事は一日に二食か一食。時間が飛ぶように過ぎていった。筋力が落ち、過呼吸がひどくなり、まともに歩けなくなった。イライラしても、飽きていても、やらずにはいられなかった。このままでは死ぬと感じていた。なぜこうなってしまうのかわからなかった。

　自分も依存症かもしれない……。ほどほどに遊ぶための努力を何年も続けた。やっていなくても、やりたい欲求でどうにもならなくなる。ＡＡの先行く仲間に相談をした。「キミは依存症。肉体が病んでいるんだ」と教えてくれた。一生やめ続けなければ死ぬとわかった。私はゲームに無力を認めた。

ゲーム依存の仲間がほしい

　依存症の回復施設に毎日通い、ＡＡ、ＧＡ、ＡＣの自助グループに週六回通った。毎日がネットゲーム（オフラインのゲームも）の欲求との戦いだった。一人では勝てなかった。自助の仲間の中にいるときは欲求がラクになった。

　当時ゲーム依存の仲間は一人もいなかった。ＡＡやＧＡは居心地が悪かった。それでもゲーム依存のグループがない以上、そこに行くしかなかった。

　私を批判せず、「同じだよ」と言って仲間として受け入れてくれたことは感謝してもしきれない。おかげで私は今もグループにつながり続けているが、それとは別に、どうしても同じゲーム依存の仲間がほしかった。ゲームの話を堂々とできる「場」がほしかった。

　そこで数年前、自助グループ「ゲームをやめる会」を始めた。参加者は少ない。しかしやはり同じ問題を持っている仲間だけに、共感できる部分が多く、安心感、仲間感を感じる。

　たとえば、日時や時間を決めて遊ぶことができない、何度もやめようとしてもやめられない、など。

　またロールプレイングゲーム依存の場合、ハロウィンやクリスマスなど時節のイベントがあるときにゲーム欲求が強く出る。そういうときは、お祭りの状態になり、プレイヤーたちの間で盛り上がるからだ。

「イベント」や「レアアイテム」、ネットゲーム上の人間関係などの話で分かち合えるのはうれしかった。遠方の人が来て驚いたこともあった。その仲間とは今もときどき連絡を取り合う。

　依存症からの回復には、一緒にやめていく仲間が必要だと改めて思う。自分だけじゃなかったと感じる。ミーティングをすること、仲間と関わること、メッセージ（※）を運ぶことが回復につながる。だから、これからも仲間とともに歩み続ける。

※スリップ／12ステップ／メッセージ→用語集（107〜109ページ）
※ＡＣ＝アダルトチャイルド、アダルトチルドレン。健康で柔軟な機能が損なわれた家庭（機能不全家族）に育ち、大人になった人。問題状況に適応して身につけた行動パターンや役割のため、生きづらさを感じることも多い。

断酒例会に女性の仲間がいてホッとした

K・T（断酒会）

酒をやめ続けたい一心で

約十年前に断酒を始めました。

当時は夫と小料理屋を営んでいて、店が終わると二人で飲むのが日常でしたが、いつからか私は昼間もお酒が手放せない状態になり、とても苦しかったです。助けを求めてあちこち電話した末に、専門病院を紹介されました。夫と二人で行きました。夫は私がお酒をやめたいと言うと「協力はするよ」と言ってくれるやさしい人でした。

院内のミーティングや診察で自助グループのことを聞きましたが、知らないところに飛び込む勇気がありませんでした。三ヵ月後、たまたま病院に来ていた女性の断酒会員と知り合い、断酒会に誘われました。

行ってみると、女性が三人いたのでホッとしました。その中の一人は「私もこういうふうになりたい」と思えるような女性でした。ものすごく悲惨な過去を語りながらも毅然としていて、かつ、人の痛みを受けとめてくれる柔らかさがありました。

たくさんの方の話に力をいただき、帰りは足取りが軽かったです。それからは、酒をやめ続けたい一心で、断酒会に通い続けました。

入会二ヵ月目に地元で全国大会があったことも、タイミングに恵まれたと思います。まず、人の多さに圧倒されました。各地からやってきた人たちと出会い、いつもの例会とはまた一味違う体験発表に引き込まれました。皆で一緒に断酒継続に向かっているという絆のようなものを感じました。

いなくなってほしかったの？

現在の夫とは再婚同士です。

嫉妬深い元夫と別れたとき息子を置いて家を出ざるを得なかったことに、ずっと負い目を感じていました。

再婚した夫は穏やかな人でしたが、思春期に近づく娘たちとなかなかうまくいかず、そのストレスを自分一人の

胸に押し込めようとしたことが酒に依存する一因になったと思います。

女性の断酒者は、家族が目の前で飲んでいる状況の中で断酒を続けなければいけない場合があります。私も断酒後、店で生ビールをサーバーから注ぐのが苦しかったです。夫は「休みの日には家では飲まない」と気遣ってくれましたが、それはそれで申し訳なく感じてしまいました。

再飲酒したとき、半年ぐらいごまかして飲み続けた末に苦しくなり、夫に打ち明けたら、責めずに「病院もあるし仲間もいるから大丈夫だよ」と言ってくれました。

こんなふうに理解のある夫ですが例会に出たことはありません。でも昨年初めて、アメシスト（※）の文集に原稿を書いてくれました。最後のほうに「妻がいなくなればいいと思った」と書いてあるのを見て、私はすごくショックを受けました。

実は、最近まで別居状態でした。夫は病気のため店を閉め、治療を受けに別の県へ行ったきり、七年以上帰らなかったのです。私はそれが納得できませんでしたが、文集の最後を読んで、もうダメなのかと覚悟しました。

一人で生きていこうと決め、アパートに引っ越し、自分が死んだあとの始末まで考えました。ところがそこへ、夫が戻ってくると言い出し、迷った末に私は受け入れました。

抱えたものを置いていく場

心の揺れが起きるたび、アメシストの先輩に支えられました。

飲んでいた頃のつらさも、やめ続ける中での苦しさも、例会で話してきました。

一年ごとに経験が増えていくから、話せることも増えていきます。断酒会は私にとって、心に抱えた重いものを置いていける場です。

夫と別居後、経済的に自立するために資格を取りました。生活できるだけの給料をもらうのは大変でした。職場のストレスで死んでやろうかと思ったときも、例会で話して救われました。

一方、断酒会の中にも人間関係の問題はあります。人間の集まりだから当たり前ですし、仲間意識が強いだけに一度何かのすれ違いが起きると、しこりが長引く場合もあります。

アメシスト同士も、難しい面があります。女性の共感の中で濃い話ができて、わかりあえる分、甘えも起きやすいと思います。例会の外では、どこまで関わるのか境界を考えないと、お互いに巻き込まれる危険があります。

入会当時、大先輩に言われたように「断酒会は深入りしないのが鉄則」「きちんと例会に出て、きちんと聞く、きちんと話す」ことが大事なのだなあと改めて思います。

人の話を聞いてわかることはたくさんあります。新しい人が来ると、自分もそうだったなあと思い出します。

初めての例会の日に「こういうふうになりたい」と思った、そんな自分に少しでも近づけたでしょうか――。

※アメシスト＝断酒会で女性会員を呼ぶ言葉。ギリシャ神話で「泥酔から守ってくれる」宝石とされていることから。

ミニ体験

「生きていてもいいんだ」と思い直せた

みっちゃん（DA）

借金返済に行き詰まり、どうにもならなくなり、「もう生きていけない、生きていてはいけない」という思いが頭をよぎった。同時にパートナーから聞いていた自助グループDAのことを思い出して、その足でミーティングに参加した。

「自分のような人でなしは他にいない」と思っていたが、同じような人が他にもいることをリアルに実感して、「生きていてもいいんだ」と思い直せた。

自己嫌悪のどん底にあった自分の話を、ただ黙って聞いてもらえたことで救われた気持ちになった。

その時、「ここは自分がいていいところだ」と感じたように思う。


カードは弁護士に全部預けたため、以前のように暇さえあれば浪費に明け暮れていた生活ができなくなり、空いた時間の過ごし方が全くわからなかった。たとえ週1回でもミーティングに参加することで時間を費やすことができるのはありがたかった。

そのうちに仲間と打ち解け、共同体に所属することが楽しくなった。


DAのミーティング会場が増えると、参加できるミーティングにはすべて参加するようになり、気づけば週3日はミーティングに参加しているようになった。ミーティングが自分の新しいルーティンになった感じ。

今では「新しい仲間に手助けをすることが自分の回復のために必要だ」という先行く仲間の言葉が腑に落ちている。

ママ友はわかってくれない、ここでなら話せる

ため（にじいろ）

長男はすごく育てにくい子だった。その度に夫に相談したが、話にならず、いつも一人で病院を回って対処した。

家族で買い物に行ったときも、夫に「ちょっと買ってくるから、子どもを見ててね」と頼むと、長男は必ず迷子になった。「なぜちゃんと見ていてくれないの？」と夫を責めると「ちゃんと見てたよ」という。「子どもには先に行っちゃダメだよって言ったよ」と。それを面倒見るのが親の役目でしょう！　と言っても、夫には通じないのだ。

長男が小三で不登校気味になって、毎日私がついていないと授業を受けられなくなったときも、一人で対処した。当時夫は海外赴任中で、泣きながら助けを求めても「遠く離れた僕に何をしろと言うの？」と言うだけだった。

ママ友には、「男の人ってそんなもんよ」と言われた。自分は甘えてるんだ、もっとがんばらなくちゃと思い、つらくても二年間一人でがんばった。

だから、「男の人なんてそんなもんよ」と言っていた単身赴任仲間の友だちの子どもが問題を起こし、「パパに電話して帰ってきてもらったの」と聞いたときは愕然とした。「え？　帰ってきたの？」「当たり前でしょ」と言われたとき、みんながいう「男の人だから」という度合いとうちの度合いは全然違うんだと痛感した。

そんな頃、長男が発達障害と診断さ

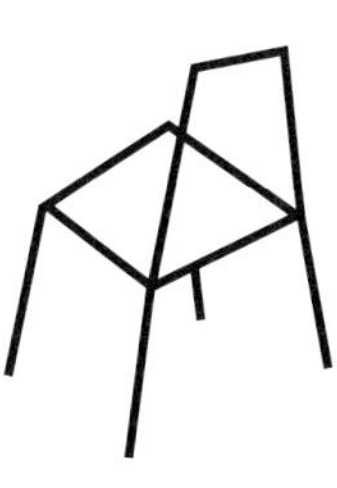

男の人って、そんなもの？

三年前、野波ツナさんの『旦那（アキラ）さんはアスペルガー　奥さんはカサンドラ』（※）という漫画エッセイを読んだ。そのときの衝撃は忘れない。読めば読むほど私にぴったりで、これはうちのことだ！　と思った。

夫と会話がかみ合わず、意志や気持ちの疎通ができない。怒ってもケンカにならないどころか、私が怒っていることすら通じない。仕事など自分のことはできるのに、子どものことは何もできない……。これまでのことが、走馬灯のように押し寄せてきた。

※カサンドラ＝カサンドラ症候群。発達障害をもつ人の配偶者が陥りやすい状態を指す概念。ギリシャ神話の悲劇の王女にちなむ。困難な環境の中で消耗し、うつ状態・自尊心の低下・無気力などさまざまな不調があらわれる。

れて、カサンドラのことを知った。

また次の回までがんばろう！

インターネットで自助グループ『にじいろ』を見つけ、とにかく行ってみようと思った。サイトだけではイメージが沸かず不安だったけれど、それより自分の思いを聞いてもらいたい気持ちが勝った。一回行って、嫌だったらやめればいい。そんな気持ちだった。

扉を開けると、みんな「普通」の感じの人で、もしかして失敗した？　と思った。悩みを抱えているようには見えなかったからだ。

ところが、主催者の人に挨拶をされ、自己紹介をして少し話したら、印象が変わった。二、三、自分のエピソードをあげただけで、「そうそう！　わかる！　うちもそうだった！」と言ってくれて、すごくうれしかった。

ミーティングでは、「普通」に見えた人たちが、それぞれにいろいろなものを抱えていることがわかった。話しながら泣いている人もいた。私も泣いた。とてもホッとしたことを覚えている。話せる場所をやっと見つけた感じで、終わった後は、二ヵ月後のミーティングが待ち遠しかった。

そうして参加するうちに、「一人じゃない」と思えるようになっていった。

たとえば、こんなことだ。うちの夫には暴力はない。だから一見やりやすそうだと思われるし、医師にも「かまってこないだけマシです」と言われた。でも、ここでは状況が違っていても比べられることはなく、「それでもつらい」という私の気持ちを誰も否定しない。「つらいよねぇ。そういうとき、どうしたらいいんだろうねぇ」と、一緒に考えてくれる人がいるのだ。

私が欲しかったのは、アドバイスでも「こうしなさい」と教えられることでもなく、「どうしたらいいかねぇ」と一緒に考えてくれることだったんだと改めて思う。もし「こうしたらよくなる」と言われていたら、それができていなかった自分を責めていただろう。

「うちはこうだったよ。あなたに合うかどうかわからないけど、もしよかったらやってみて、ダメだったらまた考えよう」と幅をもたせた会話が、経験と知恵と希望の分かち合いになるのだ。

発達障害のある夫と生活し、かつ子どもも発達障害だと、毎日心がささくれ立つ。ささくれ立っても前に進まねばならず、自分の心を癒す間もない。『にじいろ』で話すと、そうしたものが落ちて、ホッとした感じになれる。また次のミーティングまでがんばろうという勇気をもらえる。

一年くらい経ったときから、会の運営を少し手伝うようになった。進行をしたり出席のチェックをしたりと、小さなことだけれど、自分にもできることがあるんだと思うと嬉しい。何より、うまくいかなかった経験も、誰かの役に立つと知った。お互いの失敗から学んだり、解決のヒントを得たりすることができるからだ。自分がしてきたことも無駄じゃなかったと思えたら、世界観が変わった。

ミニ体験

「私が行く。お父さんは留守番してて」

フッキー（断酒会家族）

病院の家族ミーティングに初めて出たとき、私が誰にも言えずに隠してきたことを、みんながふつうに話しているのに驚いた。私には無理、と思ったけれど、いざ自分の番が来たら、長年ため込んだ思いを、止まらないぐらいの勢いで話していた。

私って、こんなふうに話せるんだ！　話してもいい場があることに感激した。


断酒例会に行こうとするたび、夫は不機嫌で、「うちの仕事は誰がやるんだ」と言っていた。だけどこれっておかしいよね？　私は一日中仕事をして、夫は飲んでいる。私が出かけようとすると仕事はどうするんだと責められる。

「なんで私には、私の時間がないの？　私だって、私の時間があってもいいんじゃないの？」

初めて夫に反発したら、夫はびっくりして固まっていた。


言えなかったことを少しずつ言うようになり、ようやく「あなたのこと、すごく心配してるんだ」「断酒例会に一緒に行ってほしい」と言えた。

紆余曲折を経て夫は断酒会につながり、徐々に断酒が続くようになった。

断酒会の家族行事の日に仕事が忙しいと、私は家に残って仕事をし、夫は他の家族の人たちと車に乗って出かけていく。

でも私……と言いかけても、一言反論されると黙るしかない。

意を決して言えるようになるには、時間がかかった。

「今日は家族の会だから、私が行く。お父さんは留守番してて」

無理だと思っていたことを、１つずつクリアしながら前に進む自分がうれしい。

最初の日、先行く仲間が「また来月ネ」と手を握ってくれた、その手の暖かさが今も忘れられない。

Y（薬物家族会）

2章

体験

初めて行った、あの日

最初の日のドキドキや不安、期待、
戸惑い……それがどう変わっていく?
アンケートと五人の手記です。

アンケートより

初めて行った、あの日

初めて行ったときの不安やドキドキ、素朴な疑問……。グループで「初めての人」を迎えるのに役立つヒントも、この中に隠れているかもしれません。

トモキ（NA）

薬物で拘留中にNAメンバーが面会に来て自助グループを知った。服役後、マップを頼りに会場に向かった。**どんな所でどんな人がいるのかわからず**、不安だった。

けけんた（NA）

ダルク（薬物の回復施設）のプログラムとして強制的に行かされた。**「宗教ではない」と言っていたが、怪しい**と思った。
献金と言いながら集金していると思った。
しかし、初めて会った仲間は、暖かかった。

M（NA）

初めて行ったとき、「自分はそこまでひどくない、自助グループにいるような人とは違う」と思いました。また、**仲間同士がハグしているのを見て違和感**をおぼえました。
でもやがて「ここは自分がいていい場所なんだ」と思うようになりました。

K（NA）

ムラサキのスーツにサングラスで行ったら、浮きました。

ケンジ（NA）

知らない人がたくさんいて緊張した。**変な人が多くて、大丈夫かな**と思った。

M・H（薬物家族会）
子どもの問題で、妻に誘われて参加。最初、**変な宗教は絶対回避すべし、油断してはならない**、と感じた。家族会など信用できない、信用すべきは専門医と思っていた。しかし、実際は逆だった。

T・A（薬物家族会）
息子が危険ドラッグで入院し、退院後すぐに再使用。必死の思いで出かけました。
座ったら、お菓子をもらいました。
みなさん大変なことを抱えているのに、穏やかで驚きました。帰るとき、不思議と心がやすらぎ、私はまたここへ来るなあと、漠然と思いました。

K T（AA）
自分の恥をさらけ出して語り、聞いている人々がゲラゲラ笑っている様子に、**異様なものを感じた。**

Water（AA）
初めて行ったのは、27才でした。
ミーティング場に入ったとたん「ここはAAなんですけど**（なんか用があるの？）**……」
当時は若いメンバーが少なくて、信じてもらえなかった。
その後、ヤングミーティングに救われた。

健次（AA）
初めて行った日、私は「こいつらより自分は、どこが優れているか」を考えていました。
私は英語ができるんだと言いたいがために、ミーティング中に会場の前に貼りだされていた英語の「12のステップ（※）」と「12の伝統（※）」を書き写していました。
今考えると**アホなことやっていました**(^-^;

カッコ内はグループ名です。110～111ページ「自助グループのリスト」をご参照ください。※の言葉は用語集（107～109ページ）へ。

アンケートより

初めて行った、あの日

嶋田兆央（断酒会）

飲酒しフラフラの状態で参加。**早く帰りたい、横になりたい**、と思いながらも、自分と同じような体験をしている人がいるとわかって、安心した。

N・S（断酒会）

不安と緊張で、**座っているだけで精一杯**でした。

匿名（断酒会）

医者にうるさく言われ、**会場へ３～４回行ったが、入れなかった。**次に行って、入るか迷っていた時、出てきた人が案内してくれた。

伊差川稔（断酒会）

最初に入院した病院で院外断酒会に連れて行ってもらったが、地元に戻ると、また環境が違うので、小心者の私には初めての断酒会参加は敷居が高かった。**コンビニでチューハイを１缶飲んで勇気を出し**、タクシーで例会場に行きました。
しかしスンナリとは断酒できず、3回の入院。今年で断酒16年目です。

Y・I（断酒会）

19歳でアルコール依存症と言われた。断酒会の扉を入ったら、最初にみんなで立って「断酒の誓い（※）」があって、**ヤクザの集会所かと思って**怖かった。

清瀬憲一（断酒会）

初めてのとき、**酒をやめるハウツーを知りたいのに、**体験談ばかり語っていて、それでなぜ断酒できているのか疑問だった。

山本修（断酒会）

退院した日に断酒会の人が連れに来て、大勢の前でマイクを渡され、震えながら自分の名前だけ言ったのを覚えています。皆さまのお話が理解できず、こんなことで酒が本当に止まるのかと思いました。**２時間の例会がものすごく長く感じました。**

笹井ます子（断酒会家族）

初めて例会に行ったとき、**当時の会場は照明が暗くて、**狭い和室で、下を向いて座っているあまり風采のよくない男性たちの姿を見て、不安を感じた。全国の断酒会へ夫と二人で参加し、暖かい言葉をいっぱいもらえたから、続いた。

M・S（断酒会家族）

夫が入院していた病院でポスターを見て、断酒会のことを知った。最初に例会に行ったとき、思わず泣きながら話したら、それを「うん、うん」とうなずきながら聞いてくれた。**一緒に涙を流して聞いてくれた**人もいた。うれしかった。自分と同じ悩みを持っている人がたくさんいるとわかった。

M・M（OA）

仲間にやっと会えたという思いと、恐さがあった。
「**みんな私よりも優れている**」と感じ、「早く帰りたい」と思った。

さなえ（ギャマノン）

初めてミーティングの席に座った時、ほっとして涙が出てきた。息子のギャンブルは自分の育て方が悪いからだと思い、自分を責め続けていた私だったが、「**あなたが育てたからこんなぐらいで済んでる。**よくやってきたね」と言ってもらった。

カッコ内はグループ名です。110～111ページ「自助グループのリスト」をご参照ください。※の言葉は用語集（107～109ページ）へ。

初めて例会に出たら、すごくお腹がすいた

T・H（断酒会家族）

酒のやめさせ方を教えて！

断酒会のことを知ったのは、夫が何度目かに内科入院したときでした。

入院して数日後、病院のスタッフが「保健所で家族の相談をやっているから、一緒に行きませんか」と声をかけてくれたのです。酒の飲み方が問題なのは前々からわかっていましたが、相談できるところがあるとは、初めて知りました。

保健所では、断酒会のことや病院のことなどくわしく教えてくれました。それを聞きながら、「この人たちが束になってかかっても、夫をアルコールの病院に連れて行くのは無理では？」という気もしました。

それでもとりあえずは、断酒会に行くだけ行ってみることにしました。どうやって病院に連れて行くのか、どうやって酒をやめさせるのか、教えてもらえると思ったからです。今思えば勘違いですが、当時はそこにわずかな希望を託していました。

「うちよりひどい」

その日、私は夜の例会に出るため、夕ご飯を早めに作り、子どもに食べさせ、風呂にも入れました。

「お母さん、今日は大事な用事があるの。出かけてくるからね。電話がかかっても、ピンポンが鳴っても、出なくていいからね」と言い聞かせ、会場に向かいました。

市民会館に到着して、入り口の自動ドアの前で、一歩踏み出したり、後ずさりしたり、何度か迷いました。行ってどうなるのか。何が変わるのか。不安と疑心暗鬼でいっぱいでしたが、子どもに留守番までさせているんだから戻っちゃダメだと自分に言い聞かせ、思い切って館内に入り、会場となっている和室へ向かいました。

中には二、三十人いました。一人ずつ話をしていきますが、どの話もすごい内容で、「こんな人がいるんだ！

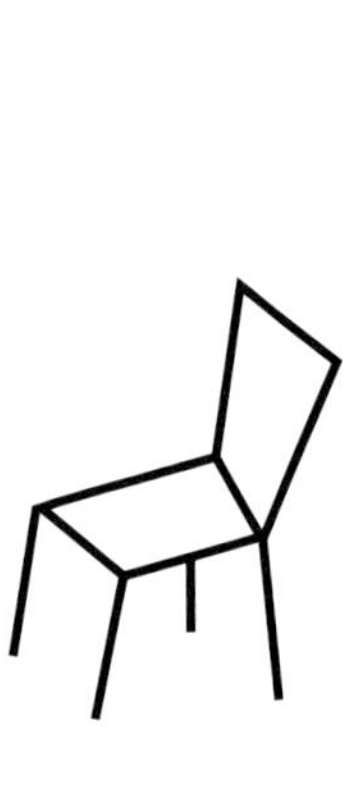

うちよりひどい」と思い、なぜそんな人が今は酒をやめているのか、不思議でした。家族はよくやめさせることができたなと感心しているうちに、例会が終わりました。

結局、体験を聞いているだけで、どうしたら酒をやめさせられるのかということは教えてくれませんでした。

今日は人数が多かったからしかたない、と思いました。

その日は例会に出ただけで大役を果たした感じがして、帰ったらとてもお腹がすきました。でも何を食べたのか記憶にありません。とにかく「次も出かけて、今度こそ酒をやめさせる方法を聞こう」と気を引き締め直したことだけ、今もよく覚えています。

みんなの話を聴くのが楽しい

ところが、次の例会でも、その次の例会でも、人数は多いし、体験談を聞くばかりなのです。

ようやく、ここはそういうところなんだとわかってきて、がっくりしました。一方でその頃には、みんなの話を聞くのが楽しくなっていたのです。

さらに通い続けるうちに、それぞれ人も状況も違うのだから「こうすればいい」と教えられるものじゃないんだとわかりました。

「私は間違っていなくて、夫だけが悪い」と思っていましたが、そうではなく、お互いさまのところもあるんだということも、わかってきました。

もっと家族の参加を

夫はその後、専門病院につながり、しぶしぶ私と一緒に断酒会に通うようになりました。

以来、断酒が続いていますが、酒をやめてもパチンコにはまったりと、なかなか落ち着きません。

例会で他の家族が「酒をやめた夫が、こんなとき助けてくれた」「断酒のおかげで、私が病気になったら世話してくれた」などと話すのを聞いたときは、うちはそんなことしてくれないのにと落ち込んだりしました。

けれど例会で夫への不満をそのまま口にすると、あとで腹を立てて食ってかかってくるので、例会では少し気持ちを抑えて話すことにしています。正直な気持ちを言って何が悪い、と思いつつも、わざわざ夫を怒らせていいことは何もないからです。

その分、苦しい気持ちがたまったら病院の家族会で吐き出します。こうして自分の中で場を使い分けています。

体験談を聞くこと自体は楽しく、同じ病気を抱えている仲間同士の見えない力を感じます。ただ、例会に来る家族が徐々に減って、今は私だけなのが寂しいです。私にとっては、例会は生活の一部です。また、この病気は何年断酒していても再発する可能性があるので、気が抜けない面もあります。

断酒会全体でも、新しく来る家族はなかなか例会に出席しないという話も聞きました。家族ぐるみの病気なので、ぜひ参加してほしいと思います。

このミーティングは、何を目的にしているんだろう?

まこと(EA　HA)

12ステップに答えが?

私は大学時代に人間関係で行き詰まり、人とうまくやっていく自信を失った。就職活動をせず、そのまま三年間ひきこもった。

本屋やネットカフェには時おり出かけ、「どうやったら他の人とうまくやっていけるのか」の答えを求めて、さまざまな本を読んだ。国内や米国のカウンセラーの著書に感銘を受けた。本には、各種講座やカウンセリングの案内が載っていたが、お金がかかるし、講座を受け続けることなどできない。唯一希望を感じたのが、本の中で好意的に紹介されていた「12ステップ(※)」だった。中身はよくわからなかったが、何かの答えがそこにありそうに思えた。

ネットで調べると日本にも数種類の12ステップ・グループが存在することがわかり、感情をテーマとした「EA」ならば自分も参加してよいのではないかと考えた。

会場は県の公共施設だった。行ってみると、受付のところに部屋を使用している団体の一覧があった。がんの患者会、精神疾患の家族会、依存症のグループや発達障害の家族グループ、遺族の会や被害者の会など、実に多くのグループが活動していて驚いた。今まで自分の悩みで頭が一杯だったが、新しい世界を知った気分だった。

「こんなにいろいろあるんだなあ」と思いながら、エレベーターで目的階へ上がった。開始時間より少し早かったが、ドアが開いていて、中で数人が話をしているのが見えた。

「初めてなんですけど」と声をかけると、すぐに「ようこそ」と迎えてくれ、司会の人がグループのことなどを説明してくれた。

言いっ放し、聞きっ放し

12ステップについて学ぶつもりで出かけたのだが、その日は「どん底」というテーマで、言いっ放し・聞きっ放

しのミーティングだった。自分も最後に話をさせてもらったが、慣れていないためどん底体験を話すことはできず、興味を感じた本のこと、その中に12ステップが出てきたことなどを話した。誰も途中でさえぎらず、じっと話を聞いてくれるのがうれしかった。

帰途、「このミーティングは何を目的にしているんだろう?」という疑問がわいたが、悪い印象はなかった。司会の人がいろいろと説明し、気遣ってくれたこと。帰り際に「また来てください」と声をかけてくれたこと。また、その日に渡されたパンフを読んでみてプログラムの意味が少し了解できた。次も行ってみようと思った。

つながりができていく

ひきこもりを始めてから、家族にたびたび「なぜ外に出ないんだ」「これからどうするつもりなんだ」と責められた。自分としては、「職探しどころではない」「こういう苦しい状況にいる」ことを伝えようとしたが、「今は、そういう話をしているんじゃない！」とさえぎられ、聞いてもらえなかった。

ミーティングでは、いつも自分の話を仲間たちが黙って聞いてくれた。今まで友人も含めて、こんなふうに聞いてもらったのは初めてだと思った。

ＥＡにつながって一年後、ステップ４・５（※）に挑戦した。なかなかうまくいかず、スポンサー（※）の提案に従って何度かやり直し、ようやく自分の問題に向き合えるようになった。仲間やスポンサーとのつながりが自分の周囲にできていき、それが自分への自信になった。

ひきこもりの自助グループ

三年たったころ、スポンサーに、朝起きて散歩するよう提案され、しぶしぶ行った。慣れてくると、昼間は暇なことがわかった。親に「もう金がない」と言われたがミーティングにはいきたいと思い、ミーティングに行くお金を稼ぐため、ネットで非常勤の仕事を見つけた。現在も同じ職場で働いている。

やがて都内に、ひきこもりの自助グループ「ＨＡ」ができた。慣れたＥＡを心地よく感じたものの、一年ほどしてＨＡを自分の居場所と思い定めた。今は仕事をしているけれど、自分の問題の本質はやはり「ひきこもり」にあると思ったからだ。

ＥＡには、怒りの問題を抱えている人や、支配的になってしまう問題を自覚している人など、社会経験バリバリの人たちもいたが、ＨＡはおとなしい人が多い。社会経験が乏しく、自分の気持ちや意見がうまく言えず、自信がもてない――。まさに同じような体験をしているからこそ、仲間の話から気づかされることも多い。

今では自治体が始めた「ひきこもりカフェ」にも定期的に顔を出している。ひきこもりからよくなりたい当事者が外に出る最初のステップとなる場だ。ここで自分の体験を活かしながら、より多くの仲間とつながっていきたい。

※12ステップ／ステップ４・５／スポンサー→用語集（107〜109ページ）

ミニ体験

こんな頑固親父でも楽になれたので

K・I（ギャマノン）

妻がネットでギャマノンの存在を知った。

しかしギャンブルは息子本人の問題だと思っていたので、なぜ家族が自助グループにつながるのか、最初はわからなかった。

初めて行ったとき、参加している人たちの年数が長いのを聞いて不安になった。息子が回復施設に入っている間のみの一時的な関わりと思っていたので……。

「言いっぱなし、聞きっぱなし」の形態も違和感があった。男性として仕事場で「問題解決するよう」プログラムされているからだ。


しかし「少なくとも6回連続で通ってほしい」との説明があったため、それに従って通ううち、ギャンブラー本人の問題と思っていたものが自分の問題であったことに気づき、「自分の生き方を見直す場」ととらえるようになった。

ちょうどその頃、年1度の全国の集いが地元で開催され、会場係を受けもって充実感を味わった。


以来、海外出張やマンションの理事会等がない限り、基本的に毎回参加している。

こんな頑固親父でも楽になれたので、自分の気持ちを素直に話せる場は必要だ!!

刑務所での例会を経て、断酒会につながって

松井健（断酒会）

初めて見えた希望

初めて断酒会を知ったのは、刑務所の中でした。ちょうど所内例会の試みが始まったときで、自分は酒に問題があるので行ってみようと思いました。

法務教育教官と刑務官と受刑者のほかに、断酒会の人が三人くらい来ていました。一回目のときは、何をどう話したらいいかわからず断酒会の人の話を真似て話しました。脳が興奮したのか、まるで離脱症状のように手が震えていたのを覚えています。酒に関しては、自分は断酒会の人たちと同じように、もし飲んだらもっとひどくなるということを理解させてもらいました。

所内例会には、時々家族の立場の人も来て、そんなときは話がとても身にしみました。自分なんか生きていても意味がないと思っていました。どうやっても人に見捨てられる。そんな自分を消すために酒を飲み、いろいろな人に迷惑をかけた。けれども断酒会には、本当に酒をやめて生きている人たちがいる――。人も自分も信じられなかった僕に、少しずつ断酒会を信じる気持ちが芽生えていきました。

酒をやめて生きてみようと思ったのは、所内例会で「死にたい」と話した後でした。断酒会の人が、まるで私に伝えるかのように、「酒を飲んでわけがわからなくなって死ぬんじゃなくて、酒をやめて価値のある人生を見てから死にたい」と話したのです。

実は私の母は躁病で、父はそんな母と私を捨てて逃げたため、私は祖母に育てられました。幼い頃より従兄弟から性虐待を受け、大人になってからも従兄弟にコントロールされる日々で、刑務所に入ったのも、酔って中古車販売店の店員を従兄弟と見間違え、恨みの深層心理が働き、高級車を何台も破壊したからでした。

断酒会の人の話を聞くうち、自分は人生の無駄遣いをしていたと気づかされました。家族を恨み、早くから酒を飲んで勉強もしなかったため学歴もな

い。こんな自分は出所しても、社会で生きていけないと思っていたけれど、酒をやめていけば、新しく生き直すことができるかもしれない。断酒会は、そんな希望を与えてくれたのです。

「よく来たね」

四年の刑期が終わる頃、仮出所をもらい、更生保護施設に行ったのは三十三歳のときでした。断酒会は各地にあると聞いていたので、さっそく施設で調べてみました。事務所があることがわかり、施設のパソコンから地図をプリントアウトしてもらいました。

初めての土地で右も左もわからず、知る人もない町を歩くのは怖かったです。それでも断酒会に行けば、知っている空気を持つ人たちがいるというのが支えになりました。「よく来たね」と言われ、本当に嬉しかったです。

その後ハローワークを通し土木の仕事が決まってからも、断酒会に通い続けました。酒飲みで暴力的な職場の人に誘われ断わりきれず飲んでしまい、居酒屋通いが始まりましたが、断酒会で飲んだことを話し、建て直しを計りました。

励みになったのは、断酒会関係の施設や行事に行く度に、懐かしい人たちと再会できたことです。刑務所内の例会には、いろいろな県から断酒会の人が来てくれていたのです。

山形県の研修会に出たときは、所内例会で「価値のある人生を見て死にたい」と話し、生きる目標を与えてくれた先輩と再会することができました。「刑務所の中ではできなかったから」と言って、抱きしめて握手をしてくれました。

初めて地元県の研修会に出たときは、祖母に会ってきました。飲まずに故郷に帰ってこれたことが感無量でした。祖母との別れがつらく、悲しくなったとき、落ち着くまで一緒に居てくれたのもまた、所内例会に来ていた先輩でした。こんなふうに、気遣い大切にしてもらう経験を何度もしました。

何回目かの研修会でのことは、今も忘れられません。講演で参加していた刑務所の法務教官にマイクリレーが回ったとき、僕のことに触れ、「小さい頃から苦労してきたんだから、誰よりも幸せになってほしい」と言ってくれたのです。涙が落ちないように必死に上を向き、ふと目を動かすと、所内例会に来てくれていた先輩や会場の人も泣いてくれているのが見えました。

僕にとって断酒会は、心の傷が少しずつ癒されていく場です。

もしかしたら人を殺していたかもしれないほどの激しい怒り。犯罪者であることの引け目。その奥にある痛みをわかってもらえない苦しさ。人を信用できない怖さ。それらに圧倒され、わかってもらうことすらあきらめて生きてきたけれど、やればできるということを教えられたのです。

苦しかった僕の経験も、人の役に立つ。そう思えたとき、人生はただ苦しいだけのものではなくなりました。

ミニ体験

世界から締め出された私が、人間として大切に扱われた

yoshino（AA）

5年前の10月火曜日、夜のミーティングだった。

身なりも話し方も、上等で上品で、態度や声は、優しく柔らかく、ゆとりある、朗らかで笑顔の人たちばかりが居て、皆がアルコール依存症であるようには、とても思えなかった。

ワンデイ（※）の私に対して、会場にいる一人ひとりが、声掛けや握手で歓迎してくれた。


数年間の狂った酒により、世界から締め出しをくらい続けていた私は、随分と久しぶりに、人間として上等に大切に扱われていると感じ、嬉しかった。

酒に手を出す前の自分は、こういう扱われ方が当然と感じていたと思い当たり、「依存症」は些細な日常や人間として最低限の尊厳すら、奪い取っていくことを知った。


会場の灯りが、ぼんやりとオレンジ色で、暖かく叙情的に見え、宮沢賢治の小説の中に出てくる灯りのようだと感じた。

珈琲も、緑茶や紅茶も、幾らでも飲み放題で、それだけでも、天に昇るように嬉しい気持ちになった。


帰りは駅まで仲間と一緒に帰り、駅で別れる間際に、電話番号とメルアドとビッグブック（※）をくれた仲間が、私の最初のスポンサー（※）となった。

5年経過した今でも、その会場の教会玄関の灯りを見ると、穏やかで、嬉しく、優しい気持ちになる。ワンデイの会場は、アルコホリックにとって、とても重要だと思う。

※ ワンデイ／ビッグブック／スポンサー→用語集（107～109ページ）

新しい人が来ると、あの頃の自分を思い出します。
私は、あの頃なりたいと願った自分に、少し近づけただろうか？

K（断酒会）

3章

体験

居場所と感じたとき

ここなら安心して話せる、わかってもらえる、
自分の価値が感じられる……。
アンケートと五人の手記です。

アンケートより

居場所と感じたとき

TK（NA）

自分が話し終わって、**少し自分の心が晴れた**ことに気づいたとき、ここが居場所だと思った。薬物をやめようと意識している人の集まりなので、ここにいれば薬物を使わないでいるのが当たり前になる。

Y・I（断酒会）

初回から「よく来たね」とあたたかく迎えてもらい、**みんなに嫌われるアル中に、こんなにやさしくしてくれるところがあるんだ**とびっくりした。
ここから離れまいと思った。

カヨ（ギャマノン）

息子のギャンブル問題がどうにもならず、ネットで調べてすがる思いでギャマノンに行きました。
2回目に行ったとき、仲間が電話番号を教えてくれました。**いつでも電話で相談できる人たちがいる**と思ったときから、ここは自分の居場所だと感じました。

ランコ（NA）

もう、帰るところがないと感じたとき、ここしかない、と思うようになった。

S・N（断酒会家族）

夫が支部例会に出席しないときでも、私は出席するようになり、例会に出席するのが楽しみになってきました。家族の方たちの**励ましと雑談で、気持ちが楽になった**のです。

渋谷健一（断酒会）

続けられる自信はなかったが、入院仲間がいたから、とりあえず 1 年は通ってみようかと思った。3 年たって、**他の例会に顔を出したり、県外研修に参加して**、断酒仲間ができていくと、自分の場所だと思えるようになった。

M・M（きょうだい支援の会）

どちらかというと自分の経験を語りたがるタイプの私が、「ここではそんなに語らなくてもいい」**「自分のことを説明しなくていい」**と思えたとき、居場所だと感じました。

MM（OA）

グループの役割をし、**役に立っていると思えたとき**。仲間に頼りにされたとき。

S・R（断酒会家族）

「お酒をやめさせるのではなく、お酒をやめやすい状況を作って待つのが家族だ」と言われて、**最初はめっちゃ腹が立ったけど**、あとですごく納得した。

ココ（DA）

最初の頃、**買い物依存のグループが日本にはなかったので**、ドクターに言われて違うアディクションのグループに通っていた。自分は他の人とは違う、という感情があった。
日本に DA ができ、同じ問題を持っている仲間に出会うことができ、分かち合いができたとき、初めて自分の居場所だと感じた。

カッコ内はグループ名です。
110 ～ 111 ページ「自助グループのリスト」をご参照ください。

「役割をやっていれば飲まないよ」と言われて

ヤマモト（ＡＡ）

みんな同じなんだ！

ピン、ポン、パン、ポーン……。

「○○時から、ＡＡミーティングがあります。ご希望の方は、○○室にお越しください」

連続飲酒の末に入院した専門病院で、そんな放送を聞いた。

ＡＡって何だ？　慰問団か何かか？　暇つぶしに行ってみるか……。それが、ＡＡとの出会いだった。

後々、ＡＡメンバーによる病院メッセージ（※）であることがわかるのだが、当初は「患者ＯＢの人が集まって体験談を話してる」くらいの理解で、何の意味があるのかわからなかった。

ＡＡはけっこうまめに来ていたので、何回か出席するうちに、酒をやめるために集まっているのだとわかった。

その頃には、退院が間近で、外に出て飲まずにやっていけるのだろうかという不安を抱えるようになっていた。病院の中でなら、飲まずにいられる。この環境、この雰囲気を、パソコンの操作のようにコピー・ペーストして外に持ち出せないだろうか……。そう考えていたとき、それがＡＡや断酒会なのか？　と気づいた。

しかし週末外泊でミーティングに行ってみても、何だか部活に入ろうとしている一年生みたいな気分で、どうやって輪に入っていけばいいのかわからなかった。そこで退院後は、先に退院した仲間が通っているミーティング会場に行くことにした。

私は退院翌日から職場復帰し、すぐに残業のある生活になった。ミーティングは月一回か二回行ければいい方だろうと思っていたが、それでは全く足りないことをすぐに実感する。

職場では、「俺はもう大丈夫だ」というところを見せようとして強がってみるが、心はどうしようもなく「どうせダメなんだ」と思っている。ストレスや不安から、「誰も俺のことをわかってくれない」「放っておいてくれ」という自己憐憫に襲われ、苦しくて、そ

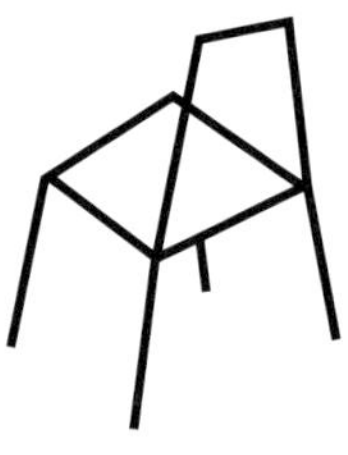

んな気持ちをミーティングで少し話したら、ちょっとだけ楽になったのだ。

　また行きたいと思い、残業のない日に通ううち、ここは自分をさらけだしていい場所なんだとわかっていった。

　ＡＡにいる人は、この人たちは本当に飲んでいたのか？　と驚くほど、「普通」の人ばかりだ。でも話を聞くと、幻聴幻視を体験していたり、やめようとしても飲んでしまったりと、自分と同じような経験している。俺だけじゃない。みんな同じなんだと思った。その共感は、病棟で入院仲間と雑談したような浅い経験の共有ではない。誰かしらが自分と同じ経験をしているから、ここにいる限り、自分は誰かが通った足跡を追って道を進むことができるのだとわかり、すごく安心した。

サービスの効果

　と言っても、人間関係が苦手な自分がすぐになじめたわけではない。役立ったのは、サービス（※）だった。一年半くらい経った頃から、ミーティング会場の準備やコーヒーの買い出し、書籍の陳列など、グループ内のサービスを頼まれてするようになった。それまでは「じゃあまた」「来週！」と言って帰るだけだったのに、「次はコーヒー買ってきてね！」「あの店の方が安いよ」と会話が広がった。

　ＡＡでは、ミーティングの前と後の会話が大切だと言われている。本当にその通りで、仲間と一緒におしゃべりをしながらサービスをすることで、お客さんではなくなったような、つながっている感覚を覚えたし、思いもよらぬとびきりの言葉をもらえたことが何度もあった。

　やがて、会計や司会といった重要な役割も担うようになった。地区のグループ会議にも出た。他のグループの仲間と親しくなり、お互いミーティングを行き来して輪が広がっていった。

　もう一歩進んで地区の委員会に出たとき、オールドタイマー（※）の仲間から「役割をやっていると飲まないから、やってみな」と言われた。仕事もきつい時期だったし、さすがに委員会の役割は重いと思ったが、勧められるまま思い切ってやってみた。

　任期を終えて他の仲間と交代したとき、オールドタイマーの仲間に「ね、飲まなかったでしょ？」と言われ、なるほどなぁと思った。人生にはいろいろな変化が起きるから、ＡＡから心が離れたり飲みたくなることもある。しかし、「あ、会計やっとかなきゃ」「そういえば書記からメール来たかな」「あ、今週はあの会場に行かなきゃ」「やっぱ飲む訳にはいかないなぁ」と、自然にブレーキがかかるのだ。

　ＡＡに行き始めたばかりの頃は、新入部員のように心細い気持ちしかなかったのに、大きな違いだ。サービスをするようになって、いつの間にかＡＡが自分の一部になり、居場所だと感じるようになっていた。サービスをしていると、安全地帯にいられるのだと思う。それは孤独からの解放であり、自尊心の向上につながっている。

※メッセージ／サービス／オールドタイマー→用語集（107～109ページ）

「私のことが書いてあるの？」と思うほどぴったり

M・H（ACoA）

普通だと思っていたことが……

一年ほど前、夫の問題で病院へ行きました。浪費などによる借金の問題が発覚し、インターネットで探した買い物依存のチェックをしてもらったら、十項目中八項目が当てはまったのです。夫は家庭的でやさしい人なので、それだけにショックを受けました。

夫の裏切りに、混乱もしていました。週末はよく二人で出かけていたし、町を歩けば必ず私を歩道側に寄せてくれるし、重い荷物も持ってくれるし、皿洗いも洗濯もしてくれるやさしい人だと思っていたのに、それはすべて私への罪滅ぼしだったのか、と。

これは病気だと確信しました。夫も自覚があったようで、素直に病院へ行きました。そこで自助グループを紹介され、夫はＤＡ、私はＤＡの家族グループはないので、共依存のＣｏＤＡを紹介されたのです。

夫はＤＡに一度行ったけれど、意欲的でなかったので、二度目に向けてちょっと工夫しました。たまたま夫が提案してくれたデートの場所が、ＤＡ会場に近いことがわかり、夫に内緒でデートの日時を合わせ、ミーティングが始まる時間を見計らって「ちょうどＤＡがこの近くにあるよ。行ってみれば？」と勧めたのです。

オープン・ミーティング（※）なので私も参加しましたが、夫が話す番のときは外に出ていました。とにかく夫さえＤＡに行ってくれれば、何とかなると大きな期待を寄せていたことを覚えています。私は夫を何とかすることに全力を注いでいたのです。

数ヵ月経って、やっと自分の自助グループに参加しました。「共依存」についてよくわかっていませんでしたが、涙が溢れて仕方ありませんでした。

みんなの話を聞いたり書籍で「共依存」について知るうちに、これまで自分が当たり前だと信じて夫にやってきたことが、夫のためにはなっていなかったとわかってきました。

たとえば、夫との間に境界線がなくて、夫の問題をまるで自分の問題のように解決しようとしてしまうところです。夫は出張が多く、平日は子どもたちに会えないほど遅くまで仕事をしていました。父親として家庭ですべきことも私は代わりにしていたのです。

夫は外では仕事をしているから、家では妻が支えなければいけない。そう言われて育ち、そうしなければいけないものだと思っていました。

ミーティングで話すと、後で仲間が「私も『普通』だと思っていたことがおかしいってわからなくて、苦しかったよ」と言ってくれ、とても癒されました。こんな場があるなんてと感激し、次も来たいと思いました。

自助グループ依存かも

ＣｏＤＡにもっと行きたかったのですが、月一回しかないので、困っていたとき、他にも同じ12ステップ（※）を使ったグループがいろいろあることを知りました。すごい！　こんなにあるんだ！　と感激しました。

夫は浪費だけれど、借金という点では問題が似ているので、さっそくギャマノンに行ってみました。確かに自分の境遇と似たような部分はありましたが、やはりギャンブルの話が多く、ちょっと寂しさを感じました。

家の近くにＡＣのグループもあったので、ＡＣｏＡにも行ってみました。

最初は自分に焦点を当てるのが難しく、夫のことばかり話していましたが、あるときリーフレットを読んでいて、「私のことを書いているの？」と驚きました。

こんなふうに、自分の課題が芋づる式に見えてきて、その度に自助グループを探しました。夫にはアスペルガーの問題もあると思ったので、カサンドラ（※）のグループへも行ったこともあります。

ある意味、自助グループ依存だったかもしれません。でも、私にとって自助グループは、それほど新鮮なものだったのです。

ひとしきりいろんなグループに参加した後、今はＡＣｏＡに定着しています。会場が近く行きやすいこともありますが、幅広い問題について話すことができるからです。

私は、自分を丸ごと受け止めてくれるような場が欲しかったのかなと思います。でも、丸ごとは無理だし、自助グループもオールマイティではありません。

それでもその瞬間、瞬間は受け入れてもらえると感じることできる。そんな居場所のようなものが私にとっての自助グループになっています。

私はＡＣｏＡで会場係をしており、「次回は出られないかも」と仲間に伝えて、変わってもらったことがあります。当日、出られることになり、行ったらみんな「来られてよかったね」と喜んでくれました。私はここにいていいんだ。ここは私の居場所なんだ。そう感じることの居心地のよさを知りました。

※オープン・ミーティング／12ステップ→用語集（107〜109ページ）
※カサンドラ＝カサンドラ症候群。発達障害をもつ人の配偶者が陥りやすい状態を指す概念。→19ページ欄外を参照。

父の顔色を気にせず、やっと本音が話せた

Y・K（断酒会）

父に申し訳ない

私には、摂食障害と、処方薬、アルコールの問題があります。やせ細り、生死の境をさまよい入院したのは九年前。退院後も、処方薬とアルコールへの依存はひどくなる一方で何度も内科に入院しましたが、院内で酒の匂いをぷんぷんさせても黙認状態で、専門病院につながるまで四年かかりました。

入院して、初めて自助グループというものを知ります。まさかそこが自分の居場所になろうとは、夢にも思いませんでした。入院プログラムの表に「外泊時は地元の自助グループに参加」と書いてあり、スマホで調べると断酒会があって、最初は「いい子」でプログラムをこなすために行ったのです。

二度目の外泊時に入会したのは、一緒に来てくれた父をこれ以上、落胆させたくなかったからです。しばらくして知ったのですが、父はその断酒会に私より先につながっていました。病院の家族会で「家族が先に行った方が本人もつながりやすい」と聞いたそうです。例会がある会場は公民館で、しかも受付の人は父の知り合いです。部屋の入り口には堂々と「断酒会」と書いてあり、そんなところに一人で父が入って行った姿を想像したら、いたたまれず、本当に申し訳なくて消えたくなる……。それがあの頃の私でした。

「いい子」のはずだったのに

私は父の顔色をすごくうかがっていました。いえ、父だけでなく、家族の顔色も断酒会の人の顔色も、世間の人の目も、すべて気にしていました。

私はちょっと複雑な家庭の三人きょうだいの末っ子で、「放っておいても大丈夫な子」として育ち、勉強のできる「いい子」を自負していました。それが二十歳を過ぎてバイトホリック（バイト依存）と摂食の症状が出て崩れていき、自責の念と劣等感に苛まれていたのです。だから本心じゃないの

に断酒会に入会するなど最悪だと思いつつも、例会に出れば、父や断酒会の人の目を気にして「断酒会に感謝です」などといいことしか言えない。

でも、それがある日を境に変わりました。入会して半年目。地区の合同例会に出たときのことです。

これが「私」

ブロック大会では、新人が体験談を指名されると聞いたので、私は人の話もそっちのけで耳に入らず、目も向けず、自分が当たったら何を話そう？ということで頭が一杯でした。

ところが頭の中で必死に文章を組み立てている中、ところどころである人の言葉が耳に入ってきたのです。顔を上げてみると、私と同じ年くらいの人でした。

実家を出る、出ないという話の流れになったとき、「え?」と引き込まれました。その後も「え?」「え?」「何?この人!」と驚くこと満載のすごい体験談で、思わず夢中になって聞きました。

すごい!!

こんなこと話していいんだ!!

実家にいる葛藤、酒への欲求。どんなことをしても飲まずにはいられない苦しさ……。体験談は衝撃的だったけれど、実は私も同じようなことをたくさんしていたのです。次に自分が体験談を指名されたとき、つい本音が出てしまったのは、その動揺からでした。

家で飲んでいて酒が切れたとき、「車庫の掃除をしてきます」とホウキを持って外に出たのは、車庫に祖母の梅酒があると知っていたからだということ。梅酒を見つけるとホウキを放り出して、服に隠して部屋に持ち込み、家族に見つかる前にと一気に飲んで、梅もすべてガリガリ噛んだこと。瓶のへりについているアルコールもきっちり舐めたこと……。父の顔色も気にせず、思いもよらないエピソードを話している自分がいました。

心にまとっていた鎧が脱げて、軽くなっていくのを感じました。それを他の言葉で表現すると、心の泥が落ちていく感覚。

以来、私は「いい子の体験談」を話すことができなくなりました。いったん堰を切ったものは、止まらないのです。例会に父が居ても正直に話すので、父はときどき「バカな娘の話を聞いて悲しくなりました」と発言します。面と向かっては言わないから、続けてこれたのだと思います。

家族に愛想をつかされたら寂しいけど、もしそうなっても仕方ないと思える。私が何をしてどう感じていたか。それが私であり、私の真実なのだから——。

今、私は父と出る例会のほかに、一人であちこちの例会に出ています。違う例会へ行くと、新たに気づかされることがたくさんあります。今も自責の念はあるけれど、例会へ行くと素直になれる。誰にも言えなかったことが言える。少しずつではありますが、心の重荷がとれてきた感じがします。

僕も仲間のように、薬なしで笑ってみたい

ヒデキ（NA）

ここは洗脳集団か？

僕は二十四歳のときガンで胃を切ってから、眠れずに処方薬に依存するようになった。薬欲しさに何軒ものクリニックを回る状態になり、働けなくなって、薬物依存と診断された。

二度目の入院はアルコール病棟だったので、自助グループに出るプログラムがあった。最初にNAへ行ったときのことは、今も覚えている。ニコニコした人に「ようこそ」と言われ、変な白いキータッグ（※）を渡され、ハグもされた。気持ち悪い、ここは洗脳団体か何かか？　それが第一印象だった。

二度と行かないと思ったが、プログラムなので仕方なくその後も数回行った。退院後も一回だけ行った。親へのアピールのためだった。

僕は処方薬とブロンしか使っていないので、覚せい剤を使った人やヤクザと一緒にされるのも嫌だった。しかしブロンの離脱症状が苦しくて入院し、元気になってまた使うことを繰り返していたある日、いつものように病院へ行くと、「回復施設へ行ってください」と言われた。「あなたは入院しても、悪くなるばかりだ」と。その場ですぐ施設に連絡するよう言われ、電話をした。行くつもりなどなかったのに、施設スタッフの押しの強さに負けてその日から通所することになった。

自助グループ参加もプログラムだからしぶしぶ行ったが、ミーティング中は外でタバコを吸っていた。施設からは通所でやめるのは無理と判断され、沖縄の施設に飛ばされた。すぐに脱走し、次は北九州に飛ばされた。その後も東京、仙台、茨城、磐梯と、飛ばされる度にその先でブロンを使って入院したり、警察沙汰を起こして、結局、行く先がなくて次の回復施設に引き受けてもらうことを繰り返した。

施設に縛られず、思う存分、ブロンを使いたかった。東京で自助グループのコンベンション（※）があったとき、チャンスだ！　と思い、そのまま実家

に帰った。薬局でブロンを万引きし、使ってみたが、もうブロンを飲んでも気持ちよくなれなかった。

　実家を追い出され、病院も引き受けてくれず、行く場所は施設しかなく、最後に入寮していた施設に戻った。そこで大きな変化が起きた。

最初の一歩を踏み出したら

その日、夜の自助グループは、同じ時期に施設に入寮した仲間の一年のバースデー（※）だった。

　僕はバースデー・ミーティングが嫌いだった。薬をやめて半年だ一年だ二年だと、クリーン（※）を祝って何になるのか？　と。仲間が回復する姿を喜べなかったのは、自分のクリーンが続いていなかったからだと思う。

　一年の仲間が笑顔で話しているのを見て、それが自分ではないことがつらくて泣けてきた。周りに気づかれないよう必死に隠し、ミーティングが終わった瞬間、外に飛び出した。誰かに支えてほしくて、施設長を呼びとめ「薬が止まらないんです。助けてください」と言っている自分がいた。

　何年かぶりに、泣けて仕方なかった。僕はあの日、初めて自分の姿を客観的に見たのだ。自助グループなんかで薬が止まるわけがないと思っていたけれど、それは自分が回復のプログラムを実践していなかったからだ。月日が経ったとき、プログラムをやっているか否かの差はちゃんと出る。僕も薬なしで笑ってみたい……。それが転機だった。

　それから、僕はどんどんよくなっていった。薬を抜くため入院し、施設に帰ってきたとき、施設の仲間に「今度はいつ使うんですか？」とからかわれても、「そういうのはもうあんまり考えてないんだよね」と答えた。つきあう人が変わり、使わずに元気でいる仲間のそばに自然と行くようになった。クリーンの長い人たちに囲まれ、楽しかった。気づいたら、プログラムに夢中になっていた。

　今思うと、僕はそれまで薬をやめるなんて自分には無理だと感じていたのだと思う。子どもの頃から挫折ばかり経験してきたので、どうせやってもダメだろうと思っていたのだ。最初の一歩がなかなか踏み出せなかったのだと今はわかる。不思議だが、一歩を踏み出してみたら、自助グループのテキストに書いてあることもどんどん心に響くようになった。

　最初に自助グループに行ってから、十八年が経つ。プログラムをやり始めて数年は、あちこちのイベントやグループに参加したが、今はあまり行かなくなった。他の土地へ行くとアウェイ感を感じる。僕の中では、身近な仲間との関係が大きな比重を占めている。

　大変なときは、「できることがあれば何でもするよ」と誰かが言ってくれる。弱さを見せても、大丈夫な仲間がいる。こんな信頼関係は、それまで経験したことがなかった。僕はこんな関係、こんな居場所がずっと欲しかったのだと改めて思う。

※キータッグ＝グループにつながった節目を記念し渡されるもので、一ヵ月、三ヵ月、六ヵ月、九ヵ月、一年と、色や材質が変わっていく。
※コンベンション／バースデー／クリーン→用語集（107〜109ページ）

だからあんなに生きづらかったんだと、一緒に笑った

あい（GA）

本物のギャンブラーとは違う？

　三十一歳のとき、うつでクリニックへ行きました。いろいろ聞かれて話すうち、先生の目がきらりと光ったことを覚えています。私にはパチンコと浪費、借金の問題があって、それを言った瞬間、「いくらですか？」「どのくらいパチンコをしますか？」とぐいぐい質問してきたのです。

　当時、私は全身全霊をかけてパチンコをしていました。息子を妊娠しているとき、夫が不仲で出て行ったことが発端です。夫は出産後に戻ってきましたが、私の心はぽっかり穴が開いたままでした。その苦しさを忘れさせてくれたのが、パチンコだったのです。

　医師には「ギャンブル依存ですね」と言われましたが、どうせ死ぬつもりなんだからどうでもいいやと思いました。子育ても何もかも自信がない。

　ある日、処方薬を大量に飲み、おかしくなっているのを見つけた夫にクリニックへ連れて行かれました。医師に「今すぐ自助グループへ行け」と言われ、半強制的に参加したのが買い物依存のグループでした。

　処方薬でらりった状態で、「今日これから死にます」と話したのを覚えています。二回目に行ったとき、「ずいぶん元気になったね。よかったね！」と言われ、それが自助グループを続けていく大きな力になりました。私の問題はパチンコがメインだったので、GAに定着していくのですが、あの経験があったから続いたのだと思います。

　といっても、自助グループが自分の居場所だという感覚は、なかなかもてなかったのですが。

　基本的に真面目な性格なので、毎回通っていましたが、いつもどこか馴染みきれない部分がありました。

　GAには女性が数人しかおらず、あとは男性の「本物のギャンブラー」ばかり。借金がうん千万とかご飯も食べずにやるとか、会社のお金を横領したとか聞くと、自分はそこまでしていな

いし、何か違うと思ってしまうのです。

そうして二年が経った頃、一人の女性がグループにつながってきました。

私も女性が苦手だった

彼女はクリニックの紹介で来た人で、昔の私をちょっと髣髴《ほうふつ》させました。スポンサーを引き受けることになったとき、「私、女性って嫌いなんですよね」と言われ、拒否されたようで、ドキッとしました。でも思い返してみれば、私自身も同じようなことを感じたことがあったと気づきました。

貧乏な家に生まれたこともあり、きらびやかな世界にコンプレックスがありました。ＯＬ時代は、給料を高級な服やアクセサリーにつぎ込んだものです。子どもができ、自由に使えるお金がなくなっても、独身の友人に会うときは、借金をしてでも新しい服や小物を購入しました。女性として負けたくない、置いていかれたくないという気持ちがあったからです。そんなふうに思わせる友人を、心のどこかで嫌っていました。

ＧＡに新しくきた彼女を見て、自分と同じだなと思い何だか微笑ましくなりました。一方では、自分はスポンサーとしてやっていけるだけのものを持っているのか？　どうやって導けばいいんだろう？　とビクビク。

私にもスポンサー（※）がいるんだから、困ったら相談すればいいと気づいたら、少し楽になりました。一人でがんばらなくていい。見えない何かと張り合わなくていいんだと思いました。

一人じゃないと思える

彼女とのスポンサーシップは、私にとって大きな学びになりました。年齢も置かれている環境も違うし、生育歴も違うのに、感じてきたこと、考えてきたことが似ていたのです。

笑ったのは、たとえ話で「爆弾を投げられたらどうする？」という話をしたときでした。彼女は「受けとめて投げ返す」。私は「二倍にして返す」。どちらもよけることをせず、真っ向から立ち向かうタイプです。だからあんなに生きづらかったんだと笑いました。

女性の場合、ギャンブル問題のほかに、買い物依存、男性依存、生育歴の問題など、いろいろな課題が併行してあるような気がします。むしろギャンブルの問題はほんの一部であり、その背後にある部分に目を向けない限り、状況が落ち着かないのです。

女性に特有の問題が見えてきて、仲間と一緒に女性クローズドのグループを立ち上げることにしました。男性メンバーがいる中では遠慮して話せなかったことを、思い切り話す場が欲しかったのです。

夫との関係、子育て、これまでの異性関係や行動パターン、人生の苦難……。女性クローズドでは、共感できる部分が幅広く、立ち上げてよかったと思います。私にとって、がんばらなくてもＯＫな場。一人ではないと感じられる場になっています。

※スポンサー→用語集（107〜109ページ）

居場所だと感じたのは、「お帰り」の一言をまわりから言われた時。
ブン（ＮＡ）

4章

体験

グループを立ち上げる！

どんな思いから、どんな準備を経て、
新しいグループを始めた？
四人が経験を綴ってくれました。

仲間たちと作り上げて自信がついた

いと（NABA）

「最初の頃ここでよく泣いてたあなたが、まさか自分でグループを始めるとはだれも思わなかったよ」

仲間に言われた言葉です。私も自分でグループを始めるとは思ってもいませんでした。

立ち上げは一人でも？

昨年、私は地元で摂食障害者本人のミーティングを立ち上げました。都内で行なわれていた地域ミーティングが会場の都合で閉会することになり、当時そこの鍵係をやっていた私は「自分の居場所を作りたい、上北沢のNABAが遠くてなかなか行けない仲間にも利用してもらいたい」と思ったのです。すぐには仲間が集まらなくても、自分のために開けておこうという気持ちでした。

立ち上げに向けて動き始める前、今振り返ると恥ずかしいのですが、ミーティングは仲間が来てくれないとできないけど、立ち上げだけなら自分一人でもなんとかできるんじゃないかと思っていました。元来、なかなか他人を信頼できず、期待しない性格。期待が裏切られて落ち込むよりは、さっさと一人で行動してしまいます。でも、立ち上げに関しては完全に間違っていました。

「相談に乗って」と言えた

自治体への登録や施設を利用するのに必要な書類も、初めてのことばかりでどう書けばよいのかわからない。告知方法にしてもサイトの作り方も知らないのです。でもそのたびに仲間に相談しようと思いました。

地方でグループを立ち上げた経験を教えてくれた仲間、予定をキャンセルしてまで相談にのってくれた仲間、ブログのやり方を教えてくれた仲間。文字しかなかったチラシに装飾の仕方を教えてくれたり、書類をチェックしてくれたりと、たくさんの仲間が協力してくれました。サイトやチラシの文言等も相談しながら作りました。だから、私にとっては多くの仲間たちによって作り上げてもらったグループなのです。

この過程で、私は「自信」をつけさせてもらいました。子どもの頃から根強く居座っている「自分はできない人、ダメな人」という心の声がありますが、「おっ!! 自分でもできたじゃんか」と思えました。中でも大きかったのは、それが仲間の中でできたこと。仲間の前だから、わからないことをわからないと言えました。恥かいてもいいやと思えました。だから「困っている」「相談にのってほしい」「教えてほしい」と言えたのだと思います。

人の中で生きていく

私がNABAに繋がった当初は、仲間を「仲間」と思えず、それなのに「仲間」と言う言葉を口にする自分が嫌になったりもしたし、一部の人としか話さず、他の仲間の輪に入ろうとしませんでした。どこか自分はみんなと違うって思っていたところがあったと思います。

「家のことを外でベラベラしゃべらないで」と小さい頃に親に言われたため、自分や家族のことを外で話すのに抵抗もありました。でも、仲間たちの話を聴いて家族関係の問題に気づき、話してみたら気持ちが楽になりました。

私は長子で、頼られたり、しっかり者とみられることが多く、親の顔色を窺い、周囲の目を気にする子どもでした。でもそれも続かず、症状や行動で自分も周りも振り回してきました。

私にとっては症状よりも、怒りや寂しさ、不安などを表に出せなかったこと、「助けて!」とSOSを出せなかったことの方が苦しかったんだと、仲間の中にいて気づきました。

仲間の前では強がらなくていい、素直になっていい、甘えてもいい。どんなに具合が悪くても受け入れてくれ、わかちあってくれる。私の変化を見ていてくれる。そういう信頼感が少しずつ生まれてきたから、今回のグループ立ち上げに関しても仲間を頼れたのだと思います。

わからないと言ってもバカにする人は誰一人おらず、みんな親身になって相談にのってくれました。意見が分かれ悩んだ時もありましたが、だからといって仲間との関係が崩れることもありませんでした。

この体験を通して、仲間以外の人とも少し積極的に関われるようになりました。今でも人の中で緊張はしますが、楽しめる自分もいて、「自分の意見を言っても大丈夫なんだ」と仲間以外の人間関係でも感じ取れるようになりました。

生きることへの不安が強く、何の希望もなかったけれど、ようやく今、遅ればせながら「人の中で生きていく」ということが実感できるようになってきたと思っています。

このプログラムを地元に持ち帰るんだ！

なるみ（ギャマノン）

夫がギャンブルで作った借金が発覚し、ギャマノンへつながったばかりの頃、夫の転勤で引っ越しすることになりました。

ギャマノンの仲間に「せっかく都会に行くんだから、毎日でもギャマノンへ行ってしっかり勉強してきて」と背中を押され、そうだ、チャンスなんだという気持ちで旅立ったことを思い出します。

その後、七ヵ月で地元へ戻り、私は新しいグループを立ち上げることになるのです。そんな激動の日々を振り返ってみます。

都会でギャマノン三昧

地元にはミーティング場が県内に三つしかなくて、いずれも二週間に一回の開催。土・日しかなく保育もないので子連れでは大変でした。

引っ越した先はミーティング場が多く、活動も盛んです。慣れない最初の頃はちょっと尻込みしていましたが、あっという間に週三回通うようになりました。スポンサー（※）もできて、まさにギャマノン三昧の日々。自助グループでは「回復は足で稼げ」と言われますが、本当にその通りだと実感しました。

私が変わったことで夫も誘発されたのか「俺もGAに行ってみようかな」と言い、通い始めました。

そうしてあっという間に時が過ぎ、スポンサーと一緒に行なった12ステップ（※）のプログラムを終える頃には、「私はこのプログラムを地元に持ち帰るんだ！」という使命感のようなものが生まれていました。

地元でグループを立ち上げたいと思ったのは、自分のためでもあります。週三回のペースからいきなり数を減らすのが不安でした。せめて週一回だけでも、近場で話せる場所が欲しい。通いやすく保育のあるグループというのが必須条件でした。

スポンサーはたまたまグループを立ち上げた経験のある人だったの

で、ギャマノンとしての一体性を維持するための基本から、広報の仕方まで教えてもらい、全国委員会にも連れて行ってもらって、準備万端の状態で地元に戻りました。

自助グループの説明が大変

まず最初にしたのは、地元のギャマノン仲間への近況報告です。どのミーティング会場でも「立ち上げ応援するよ！」と励まされ、勇気が出ました。

次に行政の窓口を調べ、保健センターに連絡を取りました。一ヵ月近くかかってやっと面談がかないましたが、保健センターの職員は自助グループに関する知識がなく、GAとギャマノンの区別もついていなかったので、一から説明する必要がありました。

市にボランティア団体として登録をすると会場が無料で借りられると教えてもらい、登録に行った先でも、自助グループについて一から説明することになりました。そこで立ちはだかったのは、登録にあたり五人の本名と住所が必要で、代表者の名前はサイト上にも記載されること。12ステップのアノニミティ（無名性）や、グループ参加者のプライバシーの問題も出てきます。最終的には、ウェブ上の表記は本名でなくてよい、との解決策に至りましたが、理解を得るまでが大変でした。

一方、精神保健福祉センターに連絡したときは話がスムーズで、広報に協力してもらえる病院や相談機関を教えてくれました。電話で連絡を入れたり、メールでグループを立ち上げる旨をお知らせし、チラシを置いてもらいました。隣の市の保健センターもギャンブル依存に関する知識があり、とても励まされました。

一人でも多くの人に

動き始めて二ヵ月後、ようやくオープンにこぎつけました。今年の六月のことです。ミーティングの初日は、緊張！　の一言につきました。ギャマノンにつながってまだ一年の私が、グループを開くなんて……。

でもありがたいことに、県内のグループから仲間たちが来てくれ盛会でした。

先日、保健所と県内のグループの紹介で、新しいメンバーが来てくれました。自分がやってもらったようにメッセージを伝え、経験の分かち合いをしています。とは言えまだまだ知られていないので、さらなる広報活動をすることが次の課題です。

ギャマノンに参加したばかりの頃、苦しくて大泣きする私を仲間が励ましてくれたことを思い出します。「ここにつながっていれば、大丈夫だから」と言って、抱きしめてくれた腕の強さ。同じような経験をしてきたからこそ過ちも受け入れられる豊かさ。この共感の力が、一人でも多くの人に届きますように。

※スポンサー／12ステップ→用語集（107～109ページ）

性的マイノリティのグループ立ち上げから十年たって

M子（レインボー+アディクション・ミーティング）

私たちは三人だった。
一人は若いトランスジェンダー男性の薬物依存者、一人はゲイのアルコール依存症者（故人）、そして私はトランスジェンダー女性の薬物依存者。

この三人で「レインボー+アディクション・ミーティング」という名前の自助グループを立ち上げ、定例的なミーティングを開こうということになった。ＬＧＢＴなどのセクシュアルマイノリティで、アルコール・薬物・ギャンブル・摂食障害他などのアディクションを持つ人たちのグループである。

立ち上げた理由

私たちはそれぞれが、すでに薬物依存やアルコール依存の自助グループのメンバーであったが、既存の自助グループの中ではＳＯＧＩ（sexual orientation = 性的指向 & gender identity = 性自認）にまつわる話を正直にしにくいという思いがあった。

そこで――

●アディクションの自助グループの中では話せないことを話せる場として、

●セクシュアルマイノリティでアディクションを持つ人が、ＡＡやＮＡなどにつながる入り口として、

このミーティングの意義を想定したのだった。

ミーティング自体を大きくしようとか積極的にメンバーを増やそうという意図は希薄だった。

2つの会場

月三回のミーティングのうち、二回は大阪市内のカトリック教会、もう一回は大阪地区のゲイやバイセクシュアル男性（ＭＳＭ＝Men who have sex with men）に対し、ＨＩＶをはじめ性感染症の予防を促しセクシュアル・ヘルス（性的健康）

を増進させる活動をしている「MASH大阪」が運営するdistaというコミュニティスペースを借りることになった。

カトリック教会の一室を会場として借りるにあたっては、教義との兼ね合いから、セクシュアルマイノリティのためのミーティングの必要性について、後押しする専門家の意見書が必要とされた。幸いなことに、私自身が通院していた大学病院の性同一性障害の専門外来の主治医に推薦書を書いてもらえることとなり、教会に提出をして最終的な了承を得た。

一方、distaでは、ミーティングとは無関係にコミュニティスペースをたまたま訪れた人たちが横で雑談したりしている完全オープンな状況でミーティングを行なっている。時に仲間の話が聞き取りづらいこともあるが、開催自体が一つのメッセージ性を持っていると言える。

今日までの十年

立ち上げから今日までの十年近くを振り返ってみると、メンバーとして圧倒的に多いのがゲイの薬物依存者である。ただ、LGBTなどの「など」にあたる人たちが発足当初はよくミーティングを訪れたし、現在でも時々顔を出す。LGBTというカテゴリー分けは、それに当てはまらない性的マイノリティの人たちを排除しかねない。たとえば、Xジェンダー（※）や様々なフェティシズム（※）の傾向を持つ人たち、などである。

ミーティングに集まるメンバーの数は三名〜一〇名前後。その時々で集まり方は異なるが、メンバーが目減りし、ミーティングに行っても誰も来ず、ミーティング場で一人ぽつんと過ごすことが続く時期が私にはあった。二〇一二年頃の話である。

たまたまその時期に少しの間海外に行かなければならなくなり、月二回開いていた教会のミーティング場を閉鎖せざるを得なくなった。それ以来、レインボー＋アディクション・ミーティングはdistaでの月一回のミーティングだけになっている。

それでも、このミーティングを必要とするセクシュアルマイノリティでアディクションを持つ新しいメンバーの参加は後を絶たず、八年目あたりから常連メンバーも少しいる。

私の中では十年前に立ち上げた頃の、レインボー＋アディクション・ミーティングへの思いや意義は徐々に薄れつつある。セクシュアルマイノリティに特化したミーティングの効力意識や目的の設定が、参加するメンバーの多くにあてはまるとは限らないからである。

自助グループというのは、その場に今日出たい人が出て、仲間の話を聞いたり、自分が話したかったら話す。それ以上でも以下でもないことが実は大切なのだろう。

※Xジェンダー＝男女どちらにも規定されない性自認をもつ人。
※フェティシズム＝身体の一部や身につける特定の物などに限定した性的嗜好。

有馬靖子（きょうだい支援の会）

既存のグループでは得られないから、自分たちの場を作った

私は、障害をもつ人のきょうだいです。妹に身体障害、知的障害、てんかんがあって、全面介助を必要とします。全面介助というのは食事にも排泄にも人の助けが必要ということで、「親が面倒をみることができなくなったら、誰か他の人がその代わりを担わないとその人は生きていけない」ことを意味します。

立ち上げた理由

私が「障害児・者のきょうだいのためのセルフヘルプ・グループ」を立ち上げようと思ったのは、当時存在していた会では、ほしいものが得られなかったからでした。

当時の私は、自分の人生と障害をもつ妹の面倒のバランスのとり方がわからなくて悩み苦しみ、同じ立場の人を探し求めてその会に入りました。

ところが、この会には、「健常のきょうだいは障害をもつ兄弟姉妹の面倒をみて当たり前」という雰囲気が漂っていました。新しい方が入ってくると、その人がどういう状況にあって、会に何を求めて入ってきたのかを確認することなく、会を運営していくための役割や社会活動に伴う作業を担わせようとしました。

例会もありましたが、そこで行なわれていたのは体験や気持ちの共有ではなく、雑談や、初参加の方を質問攻めにするものでした。参加者もきょうだいに限らず、親や障害者自身が参加することもありました。

立ち上げの準備

一九九七年、きょうだいだけが集まって自分たちの本当の気持ちを話せる場を作ろうと、仲間との話し合いを始めました。

最初は、自分たちがセルフヘルプ・グループと定義されるものを作ろうとしているのだという自覚はなく、自分たちが必要としている集まりは

何なのかを模索する中で、メンバーの一人がセルフヘルプ・グループに関する本を見つけてきました。『患者・家族会のつくり方と進め方—当事者組織 セルフ・ヘルプ・グループの手引』（カレン・ヒル著、岩田泰夫／岡知史訳 川島書店）という本でした。

さらに『わかちあう本人の会～セルフヘルプというもうひとつの生き方～』（岡知史著 枚方市精神保健推進協議会）や、のちに『セルフヘルプ・グループとサポート・グループ実施ガイド—始め方・続け方・終わり方』（高松里著 金剛出版）も参考にしました。また、当時すでにセルフヘルプ・グループと名乗っていた精神障害者のきょうだいのためのグループも見学に行きました。

私は自分自身が感じてきた「生き難さ」から、障害児・者のきょうだいには支援が必要であることを確信していましたが、そのことを理論立てて説明する材料をもっていませんでした。

しかし幸いなことに、会の立ち上げを模索し始めたのとほぼ同時期に、インターネット経由で米国のきょうだい支援プロジェクトのディレクター、マイヤーさんに出会いました。マイヤーさんはなぜきょうだいにも支援が必要か、実に明確に述べられていたのです。

立ち上げ当初の様子

会の大きな方針は、体験や気持ちの分かち合いを大事にし、「社会的活動のために例会がおろそかになる会にはしない」というものに決まりました。

きょうだいを「サポート」する会であることを強調するために、会の名称は「きょうだい支援の会」にしました。

当初の数回はセルフヘルプ・グループについての勉強を一時間、残りの一時間で体験と気持ちの共有という進め方をしました。前記のマイヤーさんの著作の関連部分を分担して和訳し、読み合わせもしました。

現在に至るまで例会の記録を残しています（なぜ記録をとることにしたのかは、記憶にないのですが）。立ち上げから三年目までは参加者の発言内容もくわしく記録していましたが、ここで話されたことは外部で話さないというプライバシーの保護のルールに則って、発言内容の記録はやめました。その後、例会のたびに会の原則を毎回確認するスタイルとなりました。

よかったこと

私自身にとって、会を立ち上げてよかった大きな点は二つです。

一つ目は、こんな思いをしているのは自分だけという孤独感や孤立感がなくなったこと。

二つ目は、かつては「全面介助が必要な障害がいちばん大変」と思っていたけれど、大変さにはいろいろあって自分の状況がいちばん大変というわけではないのだと視野が広くなったこと。

難しかったことや課題

会を続けていく中で遭遇した課題はいくつかありますが、ここでは三つを挙げます。

●立ち上げ当初に参考した本には「グループ運営の共有」が書かれていますが、実際には難しい。例会でファシリテーターを担える人が増えない。

●障害の種別を問わず集まっているために、兄弟姉妹の障害の軽重をめぐり、メンバー間で行き違いが生じることがある。

●障害のある兄弟姉妹の面倒は一切みたくない人から、面倒をみることにかなりの時間を割いている人まで幅があり、会がすべてのメンバーのニーズに応えるのは不可能。

私がこの会の運営に携わって、今年で二一年目です。正直なところ、この会にだけ関わっていたら、ここまで長く続かなかったと思います。

英語のメーリングリストで各国の同じ立場の人たちとつながって、ピアサポートの絶大な力を感じ続けていることが、継続の力となっています。日本にもこうした場が必要だと思い続けることができたのです。

さらに、自分自身が抱える課題が二十代のときと今では異なり、新たな課題は日本の例会では残念ながら共有できないけれど、英語のメーリングリストで共有できるからです。

ACのワークで楽になった

障害のある兄弟姉妹のニーズが優先される家庭で育った障害児・者のきょうだいには、アダルト・チャイルドの傾向のある人がいます。

二〇一四年、一五年と、きょうだい支援の会でACをテーマとした合宿を実施しました。アスク・ヒューマン・ケアの書籍、『アダルト・チャイルドが自分と向きあう本』と『アダルト・チャイルドが人生を変えていく本』をテキストに、読み合わせをしたりワークをやってみました。

私自身は、境界のワークがとても役に立ちました。身近にいる四人の人との関係を記してみたら、ほとんどの関係で相手に与えているもののほうが多いことがわかりました。そして、それは妹との関係に端を発していることを自覚し、目からウロコでした。自分の問題ではなく他の誰かの問題に、必死になって乗り出すのはやめようと再認識しました。

共依存へ後戻りしないよう、自分へのメッセージを自宅のパソコンのヨコに貼り、今もよく見ています。

・人の期待どおり動かなくてもいい
・自分のことを第一に考えていい
・自分が楽しむことはいいことだ
・私は自分をケアする責任がある
・睡眠時間を削らない

5章

猪野亜朗
田辺　等

治療・援助者も自助グループへ行こう!

医療・相談機関から自助グループへつなげるために、
知っておきたいこと。
自助グループとともに歩んできた専門家のインタビューです。

「SBIRTS」の効果で、スタッフのやる気もぐんと高まる！

★アルコール医療の分野では近年、自助グループとの連携が弱まる傾向が続いている。
★これではいけない、と乗り出したのが三重県で長年、断酒会とともに歩んできた猪野亜朗医師（かすみがうらクリニック副院長）だ。アルコール問題への簡易介入法として国際的に使われている「SBIRT（エスバート）」の手順に自助グループ紹介を加えた「SBIRTS（エスバーツ）」を考案し、広める活動をしている。
★SBIRTSによって、断酒会につながる患者が激増し、地域の例会が活性化した。その具体的な方法とは？

（三重）
かすみがうらクリニック
副院長
猪野亜朗

――先生が最初に自助グループについて知ったのは？

私は大学を卒業して三年ぐらいで、高茶屋病院（現・三重県立こころの医療センター）に就職しました。先輩がアルコールの患者を次々回してきて、うまくいかずに四苦八苦です。そこへ、高知出身の同僚が「断酒会というのがあって効果をあげているらしい」と聞きつけて来たので、さっそく下司病院へ行ってみました。

当時は、地域の断酒会を見学しようなどと思いつくこともなく、院長の下司孝麿先生の話を聞いて、機関紙『かがり火』を資料としてもらって帰ったのです。

よくわからないまま、役に立つことなら何でもやってみようと、一九七二年に院内で断酒会の発会式をやりました。発起人は入院中の患者さん六人です。

そこへ思いがけず、大阪の断酒会の人がやってきてくれました。下司先生から話がいったらしく、三人も来てくれて、しかも背広を着てバリッとしているのです。

もう、びっくりでした。アルコールの患者さんというのは、よれよれで文句ばっかり言っている人だと思っていたのに、回復するとこんなになるんや！　感動して、うれしかった。

その感動が、その後にアルコール医療をやっていくエネルギーになったと思います。だから、今の若い医者や医療スタッフの人たちにも、知識だけではない、「生の出会い」の感動を、どこかで味わってほしいですね。

治療の場は、患者さんの人生の一場面にすぎないし、ある意味で「きれいごとレベル」です。彼らの生きてきた道筋、そして家族がどんな思いをしてきたか、ぜひ自助グループや地域に出て行って、生の声に触れてほしいです。

——発会式のあとは、どうなりましたか?

最初は僕ら医療スタッフが司会をしていました。発起人の六人はバタバタと飲んでしまって、四ヵ月ぐらいしてようやく、断酒が続く人が現われました。その人が後に、三重断酒新生会の初代会長になります。

発足から一年ぐらいして、本来の例会のスタイルになり、私たちは断酒会の発展を見守ってきました。

治療する側にとっては、断酒会は強力な地域資源であり、治療資源でもあります。患者さんがそこに通えば、回復の可能性が確実に高まる。治療者と患者さんだけで向き合っているよりも状態が安定する。医者が一人で悪戦苦闘しなくていいわけです。

実際、一九八四年から八九年にかけて予後調査を行なったところ(※)、断酒会定着群では五年断酒維持率が八割を超えていて、非定着群では四割強、明らかな差が出ました。

※「精神神経学雑誌」第93巻5号(平成三年五月)

こうして私の中では、「初期治療と動機づけを医療が行なう」→「しばらくは医療と断酒会の並走」→「断酒会へ定着」というやり方が確立していきました。

——このところ、医療と自助グループの連携が弱まっている、という声をあちこちから聞きます。

実は私自身もしばらくの間、自助グループにつなげるモチベーションが低下していた時期があります。その背景は二つでした。

まず一つは、動機づけ面接や認知行動療法など、さまざまな治療のツールが出てきて、短期的であれば自助グループなしでも成果が上がるようになったこと。

もう一つは、外来では自助グループにつなげるのが難しいこと。病棟にいた頃は、入院プログラムの一環として地域の自助グループに参加してもらっていました。外泊をして地元の断酒例会やAAミーティングに参加することで、退院後につながりやすくなります。

けれど外来では、自助グループのメッセージ・ミーティングをやってもらっても、患者さんはなかなか地元のグループに足を運んでくれないのです。

——それで「SBIRTS」というわけですね。

SBIRTS

Screening **B**rief **I**ntervention **R**eferral to **T**reatment & **S**elf-help groups

スクリーニング	簡易介入	専門治療への紹介	自助グループへの紹介
スクリーニングテストを使って飲酒問題の程度を確認	ハイリスク飲酒者には簡単なカウンセリングを行ない、節酒を促す	アルコール依存症の疑いがある場合は、専門治療につなげる	回復のための自助グループにつなげる

「SBIRT（エスバート）」は、アルコール問題のある人への簡易介入として国際的に行なわれている手法。医療スタッフや保健師などによるスクリーニングテスト（S）→簡易介入（BI）または専門治療へ紹介（RT）という流れだが、ここに猪野医師がもう一つの手順として自助グループへの紹介（S）を加えて「SBIRTS（エスバーツ）」とした。依存症治療で自助グループ紹介を行なうのは原則だが、SBIRTSのポイントは気持ちが動いた「そのとき・その場」で「直接の出会い」を作ること。

診療の際に私のスマホで断酒会員に電話して、患者さんと直接話してもらいました。すると、それまで対応に困っていた患者さんが断酒会につながり、回復を始めたのです。こんな例が続いて、これならいける！　と目の前が明るくなりました。

ＳＢＩＲＴＳの開始前は断酒会に入会した患者さんが年に四人ほどだったのに、開始後は一五人、二一人と激増しました。

断酒会の側でも県内の全支部で電話を受ける担当者を選出するなど、強力な連携体制を作ってくれました。県内の主要な医療機関に説明と依頼に回り、医療機関との懇談会も開催しました。

ＳＢＩＲＴＳに取り組み始めた周辺の医療機関は、確実に変わってきています。つながる人が出ることで、スタッフのやる気がぐんと高まりますから。

医療機関から、断酒例会にスタッフが何人も勉強に参加することも増えました。総合病院の内科のドクターも例会に顔を出してくれました。

患者さんが再飲酒したときも、ＳＢＩＲＴＳが役立ちます。電話で直接「待っているよ」と言われると、行きやすくなります。

長い人生では、いろいろなことが起きます。酒害を過去のものにせず、常に今を生きながら断酒を続けるために、自助グループという場が大切だと思います。

SBIRTSの手順例

（かすみがうらクリニック × 三重断酒新生会の場合）

●診察の後半に断酒会について説明。
●「断酒会の人をよく知っているので、電話で話してみないか」と働きかける。
●本人が了解すれば、スマホで断酒会員に電話する。
●別室で話してもらう。家族も同伴の場合は、家族にも出てもらう。
●電話がつながらない場合、患者の了解が得られれば、のちほど患者の電話番号を会員に伝え、会員から連絡してもらう。

【以下は除外する】
◇身体的に例会参加が無理な人、身体的治療を優先すべき人。
◇離脱症状が重度の人。
◇認知機能の低下が著しい人。
◇本人も家族も「節酒」を希望する人。
◇電話に出ることを拒否する人。

【配慮すべき点】
●管理職の患者には管理職の経験がある断酒会員に紹介するなど、共通の背景があるほうが心理的な抵抗が少ない。
●女性の患者は、原則として女性会員に紹介する。
●「断酒」への抵抗感は、当初はあって当然。「お試し参加」を勧めてみるとよい。
●入会に至らなくても、回復者とのつながりができるメリットは大きい。治療者にはできない動機づけができたり、理解者・相談相手となるケースも多い。

【断酒会員の応対ポイント】

「明日の夕方○時から例会をやっています。出てきませんか？　場所わかりますか？」のようにシンプルに。

「必ず来て」ではなく、「お待ちしています」など招く気持ちを伝える。依存症の説明をしたり、自分の断酒歴を話す必要はない。

「場所がわからなかったら、ここに電話してください」と自分の番号を伝えておくのもよい。そのときは参加しなくても後日、連絡がある場合も。

家族も電話に出た場合、同じ内容を伝え、「ご家族も一緒にどうぞ」と言い添える。家族が先につながる場合もある。

※SBIRTSについて、くわしくは『Be!』127号をご覧ください。

僕たちが自助グループの「サポーター」になろう

★「自助グループ」は、そもそもどんな特徴と機能を持っている？　医療・保健・福祉などの領域には、ほかにどのような種類のグループがある？
★治療・援助者にとって、自助グループと関わることはどのような意味を持つ？
★日本集団精神療法学会の副理事長で北星学園大学社会福祉学部教授の田辺等医師に話をうかがった。田辺医師は公立病院勤務時代から自助グループの立ち上げを支援、北海道精神保健福祉センターで長年センター長を務めつつ、各地の自助グループをサポートしてきた。

日本集団精神療法学会
副理事長
北星学園大学社会福祉学部教授
田辺 等

――依存症との出会いは？

私が二十代後半、帯広にある北海道立緑ヶ丘病院に勤務していた頃です。

統合失調症でも神経症でも、数年やっていれば薬物療法と心理療法を組み合わせる頃合いがつかめますが、アルコール・薬物依存症には治療薬がありません。もっぱら心理的アプローチになります。

私は精神療法への関心が高かったので、周囲の「依存症者は一生けんめい教育しても、約束を守らないから無駄」という陰性の患者観に対して、むしろ発奮してがんばりました。当時は閉鎖病棟ですから、患者さんは逃げ場がない。患者さんを毎日呼びつけて面接ですよ。

いざ飲みたくなったらどうすればいいかを一緒に考える。脳の写真を見せたり、肝臓の写真を見せたり、さまざまな状況を想定して対策を立てたり。まさに、今でいう認知行動療法ですね。

それだけがんばって、一人は断酒できましたが、残りの人たちは半年続けばいいほうでした。一勝八敗ぐらいの惨憺たる成績です。

ただ飲まなきゃいい、薬をやらなきゃいい、そんな簡単なことがなぜできないのか……。患者さんの「心を変える治療」をしなければダメなんだなと思って、久里浜病院の研修に行きました。そこで、さまざまな講義に加えて、自助グループ断酒会やＡＡのメッセージ(※)があったんです。ＡＡの活動はそこで初めて知りました。

――ピンと来たわけですか。

いや、ＡＡの「12ステップ（※）」というのがよくわからなかったです。それで帯広に帰ってから、札幌でもＡＡの12ステップ・セミナーが開かれるというので、出かけて行きました。

奥深くておもしろかった。精神医学の用語とは違う、彼らの言葉と経験に、目からウロコの気分でした。

ユーザーは病院にいる！

当時の私にとっては「酒をやめさせる」ことがゴールでした。治療者として、患者さんの「心を変えよう」として一生けんめいだったわけです。

ところが患者さんと一緒に参加した自助グループの場では、酒をやめることにとどまらず、これまで生きてきた過去の棚卸しが行なわれている。酒を飲んできたために失ったもの、傷つけてきたこと、傷ついたこと……こうした内面に一人が踏み込むことで、他の人も続いていく。誰かが心を開かせるのではなく、メンバーが自分で自分の心を開いていく。

これまでどうしようもなかった札付きの入院患者が、「自分もあんなふうに回復したい」と言うんです。ああこれなんだ、と思いました。

――入院患者さんとミーティングに？

そうです。当時、とても活動的なＮさんという当事者の方が「帯広でもＡＡグループを立ち上げよう！」と積極的に動き始めたのですが、いざ立ち上げようにも帯広では人が少ない。ユーザーは病院にいるのだから、つなげてあげないと、と思いました。

北海道では、冬になると日雇い仕事もありません。当時「石炭手当」と言われた暖房費の前払いもたちまち飲んでしまって、お金が尽きた状態で身体もぼろぼろになって入院してきます。そして三月になると「つべこべ言わずに退院させろ！」となる。その間、陰で他の患者さんの煙草を巻き上げたり、外出する患者さんに酒を買ってこさせたりするわけですよ。

そんな札付きの連中をミーティングに外出させようというんですから、病棟全体から白い目で見られます。何かあったらどうするんだ、誰が責任を持つんだ！　と。「僕が責任を持ちます！」ということで、僕の車で連れて行くことになったんです。ちょうどその頃、浦河赤十

※メッセージ／12ステップ→用語集（107〜109ページ）

字病院でも川村医師と向谷地ワーカーというコンビがいて、どうしようもないアル中さんたちを連れてきてくれました。川村先生の車で二時間以上の道のりです。そうして私たちは、当事者が当事者を変えていくプロセスを目の当たりにしていくのです。

治療グループとどう違う？

――先生が集団精神療法に関心を持たれたのも、この頃からですか？

ＡＡグループ立ち上げと同時期です。徐々に統合失調症の人にも病棟で各種のグループ治療を導入しました。鈴木純一先生という統合失調症の集団療法の権威に教えを受けるべく、東京に通いだしたのもこの頃です。

集団精神療法を勉強するうちに、ＡＡで私が体感したことはグループの「凝集性（メンバーの一体感）・普遍性（体験や感情が自分だけではないということ）・模倣（あの人のようになりたいという気持ち）」などの用語でタネ明かしできるのを知りました。それが自助グループでは「仲間」の一言で通じるんですね。

――治療グループと自助グループの違いは？

治療グループすなわち集団精神療法では「現在、この集団で起きている現象」に焦点をあてます。グループ内の個人の心理力動や、グループ内の人間関係、グループ全体の集団力動などです。

たとえば、グループメンバーのＡさんは、Ｂさんが何か言うたび食ってかかるとしましょう。治療者はＡさんに向かって、「いつもＢさんに反発しているみたいだね。そう思わない？」と問いかけます。Ａさんは否定しますが、Ｃさんは「自分もそう感じていた」と言います。Ｂさんも「なんで僕にだけそういう態度なのかなと、引っかかっていた」と言葉にします。

Ａさんにとっては、治療者＝父親であり、Ｂさん＝父親の愛情と承認を競い合うきょうだい、なのかもしれません。また、Ａさんをめぐるメンバーの言動から、別の対立構造や、グループ全体としての治療者への不満が浮上するかもしれません。治療者は、こうしたポイントに焦点をあてて介入し、「症状」の背景にある問題の改善に役立てるのです。

一方、自助グループでは、語りの対象は徹底的に「自分」です。他の人がどうかではなく、あくまで自分の体験、自分の感情、自分の生き方を語る――これが、多くの自助グループの大原則だと思います。

たとえばＡＡでは「言いっ放しの聞きっ放し」「他人の棚卸しはせずに自分の棚卸しだけをする」というルー

ルがあります。これは、安全に自己開示できるための工夫でもあります。その枠組みのもとで、他の人の体験を聴き、それを自分にあてはめて洞察を深める。そしてメンバーの感情や生き方への深い介入は、スポンサーシップ（※）という「グループ外での先輩から後輩への一対一支援」によって行なわれます。

なお、治療グループや自助グループのほかにも、さまざまな種類のグループがあります（71ページ参照）。

――改めて、依存症の治療・援助者が「自助グループに出会う意味」とは？

最近では認知行動療法などのパッケージ化したプログラムがいろいろ出ていて、スタッフがその内容を習得すれば、プログラムを実施することはできます。

かつての札付きのアル中さんとは違って、親に連れられてくる若い依存症者などの場合、一定数はこうしたプログラムで改善するでしょう。

ただし、再発や再燃を繰り返す人は必ず出てきます。その背景には生きづらさの問題があり、加えて再発のたびにいろいろなものを失っていきます。その喪失のダメージが積み重なっていきます。ここに手をつけない限り、回復に踏み出せません。

新しい生き方、新しい価値観、新しいアイデンティティが必要なとき、「教科書があって、先生がいて、患者がいる」設定では難しいのです。それは外国語を勉強するのに日本語の解説書でやろうとするようなもの。その国に留学するほうが早いし、身につきますよね。

新しい生き方をするには、新しい生き方をしている人たちのところへ行けばいい。それが自助グループです。

依存症の治療や支援に携わるなら、「自助グループの力」「仲間の力」を実感していることが欠かせません。

もうひとつ、自助グループに出会うことで、治療者自身が得るものがあります。「自分がこの人を治してあげるのだ」という思い上がりや、頭でっかちの知識やノウハウから解放されることです。

過剰に責任を背負うことをやめれば、バーンアウトのリスクも小さくなります。

「お膳立て」をする方法

――先生は、ギャンブル依存症の問題にも長年関わってこられましたね。

一九九〇年に北海道精神保健福祉センターに赴任し、九一年、「ギャンブル研究会（G研）」という、ギャンブル依存症当事者と家族のサポートグループを開始しまし

※スポンサーシップ→用語集（107～109ページ）

た。七～八年グループを続けるうちに、相棒のソーシャルワーカーSさんが「札幌でもGAをやってもらいましょうよ」と言いだしたのです。

そこで、こんなお膳立てをしました。

G研はセンター内で月二回開催していましたが、加えて「まちなか」でも月一回開催することに決定。地域開催なら誰でも足を運びやすくなります。その場でG研のメンバーに体験を話してもらいました。

地域開催のG研に東京のGAメンバーを招いて出会いのチャンスを作り、中核になれそうなG研参加者に「GAとしてやっていったらどうかな」と声をかけました。

――それでGAが発足したんですね。

実際にはそれから六年ほどかかりました。

ただし私たちは、G研メンバーと東京のGAメンバーとのやりとりが始まった時点で手を引いています。「お膳立て」というのは、お膳どまりにすることが肝腎で、座って食事をするのは当事者です。そこにいつまでも居座らないようにしないとね。

道内ではほかにも、自助グループ立ち上げの支援が行なわれています。たとえば保健所などの公的機関で、患者や家族の会を始める。その集団がある程度熟したら、少々遠くからでも当事者グループをやっている人を招いて、出会いの場を設定し、自助グループ発足の機会を作るのです。

公的機関によるグループは、どんなに熱心なスタッフがいても月一回ぐらいの開催が限度。さらに、熱心な人が異動すると消滅してしまうことも多いのです。だから自助グループとしての種まきが大切だと思います。

AAも断酒会も、最初から当事者だけで広がっていったわけではありません。各地に支援者＝サポーターがたくさんいたのです。

種から芽を出すのは当事者自身の力ですが、芽を出しやすい土地を探したり、たまに水をやりに行ったりするサポーターの存在は重要です。

水をかけるといっても、口出しするのではなく、〇〇周年とか〇〇記念大会といった場に出かけていって、応援の気持ちで座っていればいいのです。

依存症の治療・援助者の方々には、ぜひ自助グループのサポーターになっていただきたい。そのためにまずは地域の自助グループに足を運んで、回復者の方々とつながりを作ってください。

依存症対策には地域連携が不可欠です。自分の治療だけがうまくいって完結するものではないし、自分がいる機関一ヵ所だけうまくいっても完結しないのです。

地域で連携して、生きやすくなる支援をしていく。そこでは自助グループの力が欠かせません。

どんな種類のグループがある？

●当事者による自助（セルフヘルプ）グループ

当事者が運営する当事者のためのグループ。

アルコール依存症のグループ「ＡＡ」が広めた12ステップを用いる「ＮＡ」（薬物）、「ＧＡ」（ギャンブル）など、また家族・友人のためのグループがある。「断酒会」は米国のＡＡの知見をもとに、日本ではＡＡグループに先立って誕生した独自のグループ。摂食障害のグループ「ＮＡＢＡ」もある。

共通するのは、他人のことではなく「自分」を語ること、自分自身が回復・成長していくこと。それが鏡となって他のメンバーも「自分」を語り、洞察を深め、変わっていく。

薬物の家族会、発達障害の当事者や家族グループ、遺族の自助グループ的な活動、障害者のきょうだいグループなど、近年さまざまな自助・相互支援（ピアサポート）の動きが生まれている。

●専門家による治療グループ

グループ・ダイナミクスに関するトレーニングを受けた医師・心理士・ソーシャルワーカーなど専門家がファシリテーターとなって、疾患や障害をもつ人を対象に診療の一環として行なうグループ。

ファシリテーターは集団全体あるいは個々のメンバーへの働きかけを行ない、グループ内でのプロセスに注目しつつ、必要な介入を行なう。

●専門家・支援者によるサポートグループ

精神保健福祉センターや保健所などで公的サービスとして運営されているグループが代表的。

依存症や摂食障害・ひきこもり・統合失調症などの当事者や家族グループ、虐待ハイリスクの親グループ、認知症家族のグループなどがある。

保健師・心理士・ソーシャルワーカー・訓練を受けたカウンセラーなどが担当し、自分自身についての語りや共感を引き出したり、心理教育を行なったりする。

●矯正施設などでの教育的グループ

専門職やトレーナーによって行なわれる、刑務所での酒害教育、薬物離脱指導、暴力加害者の再犯防止プログラムなど。

●その他のグループ

海外の薬物依存治療共同体などで行なわれている「エンカウンターグループ」、また、いずれの範疇にも入らない独創的なグループとして北海道浦河町の活動団体「べてるの家」が挙げられる。統合失調症などの当事者とサポーターが、グループでの対話を通して問題を分かち合い、改善を目指している。「当事者研究」というユニークな試みも生み出した。

私は「仲間」という言葉が大嫌いだった。
最初は「先行く仲間に助けられているだけだ」という
思い込みがあった。
やがて、後からつながった仲間の話に共感しながら
自分を振り返ることができるようになり、
「助け合っている」ことを実感した。

伽羅（DA）

6章

体験

自助グループから離れたとき

行かなくなった事情、
再び足を運んだ理由……そしてどうなった?
四人の手記です。

自傷を「やめたい」と思っていない自分に気づいて

おまけ（ＥＡ）

話す場がほしかった

自傷行為が、私のメインのアディクション。親の離婚を経験したＡＣでもある。

二十歳の頃、『生きちゃってるし、死なないし――リストカット＆オーバードーズ依存症』（今一生）という本を見つけ、その中にあった「日本自傷連合（じしょれん）」のホームページを探したが、当時すでに活動していなかった。そのトップページに「『ＥＡ』に基づいて構成されています」という記述があって、そこで初めて「感情的な問題から回復する」ＥＡという自助グループがあることを知った。

私は自傷行為を始めて間もないころから、自傷について周囲に話すと周囲に引かれることを恐れて悩み、とにかく話せる相手がほしかった。自傷者のグループが見つからなかったので、ＥＡに参加することにした。

実際に行くまでには、アディクション・セミナーの分科会でＡＣグループの体験ミーティングに出てみたり、ＥＡやＡＣの複数グループの会場や日程を何度も調べたりした。でもなかなか勇気が出なかった。初めて行った日も、会場の前まで来て「やっぱり帰ろうか」と悩んだ。

とにかくそこへ行けたこと、拒絶されてはいないと感じたことで、ほっとしたような記憶がある。

グループを離れる

周りに話せなかったことを口に出すことができて、それだけで「助かった！」と感じた。重荷を少しおろすことができた。

自傷を「いつかはやめなくてはいけないのだろう」と思っていたし、いつか自分で自傷（経験）者のグループを立ち上げるかもしれないので、運営について知る目的も含めて、半年弱、グループに参加した。

けれど結局、自傷を「やめたい」と

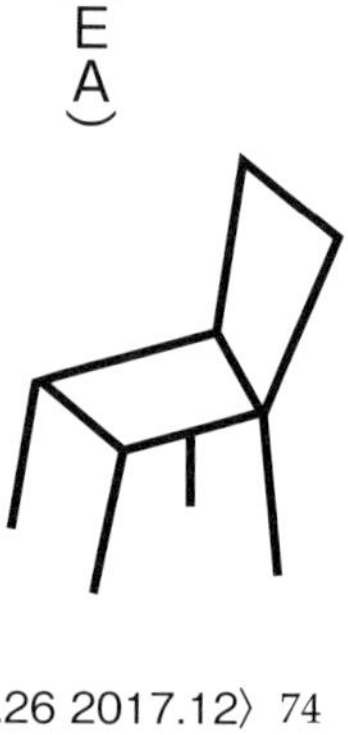

は思っていないことに気づいた。

アルコール等のグループでは、参加の条件が「〇〇をやめたいという願いだけ」となっているのに、その気持ちさえない私が参加していていいのだろうか。このまま通い続けてもあまり変わらないのではないだろうか。

会場として借りていた施設が移転することになったのを機に、また必要になったら来ればいいと思い、いったんグループを離れることにした。

その後も、時おり仲間に会ったりグループの様子を聞いたりしていたし、他のグループや関係者（特に摂食障害）主催のイベントなどにも参加した。年に数回程度、しんどいときにはミーティングにも参加していた。

戻ってからの変化

本格的にＥＡに戻ったのは、四年ほどたった後。

まさかの事態だが、自分が人と付き合うことになり、その相手と一緒に住み始めたとき、パートナー以外の話し相手を得ておかないと苦しくなると思って、再度参加することにした。

最初に参加した頃と今とでは、自分の分かち合いの内容がずいぶん変わったと感じている。

前は、引きずっている過去のつらかった経験を話すことが多かったように思うが、今は、現在の生活でのトラブルについて話すことが多くなった。

目の前の課題を毎日どうにかしないといけなくて、昔の痛みに浸っている暇がないという面もある。

でも今のトラブルは、過去に身につけた認識や行動パターンに影響されている。彼との会話の中でそういった癖を教えてもらうことも多いが、一度は12ステップ（※）の棚おろしのような作業をしっかりやらないと先には進めないのかもしれないなと感じてはいる。

つながりたい

私の自傷は止まっていないし「一発切って明日も元気」「自傷があれば最強／落ち着く」という狂気？も健在。

以前と違って、「やめないといけない」という考えはなくなった。自傷を始めて間もない頃は「自罰・自責」の意味合いが強かったのが、今は怒りや悲しみといった感情コントロール手段の一つであることが多い。

私には二十歳の頃から取り組んでいることがある。なぜ自傷行為の自助グループがないのかという疑問から、過去の自傷者の自助的活動を調べ、今後の活動に資する反省を汲み取ろうとしているのだ。一方で、自傷行為自体に関する研究・知識を通して自分の行為の意味を探っていった。

「自傷」を軸に人とつながれる場を確保したい、という願いはずっと変わっていない。決して少なくはない自傷の仲間、先行く仲間がどのように生きているのかをもっと知りたい。私たちがつながることができれば、もっと助かれると信じている。

※12ステップ→用語集（107〜109ページ）

「苦しかったね。やり直すところはここしかないよ」

阿部隆昭（断酒会）

飲酒のスイッチが入る

九年前、四十歳のときに、専門病院入院を経て断酒会につながった。一年半後に再飲酒し、断酒会から離れたことがある。

今思うと、再飲酒する前は、断酒に対する気持ちも考えも浅かった。妻の手前、例会に通っていただけで、依存症という病気のこともわかっていなかった。

息子たちの野球とアイスホッケーのチームの父兄会でも、軽い気持ちでノンアルコールビールを飲んでいた。

スイッチが入ったのは、酔った父兄たちを車で送っていたときだ。酒の匂いが車に充満し、強い飲酒欲求が出た。

みんなを送り終わったあと、コンビニに寄ってビールを一本買って飲んだ。以来、コンビニの前で飲むことが徐々に増えて、一軒では満足できずコンビニを渡り歩くようになった。

最初のうちは例会に出ていたが、「飲んでいます」とは言えなかった。後ろめたさから逆に飲みたい気持ちがつのり、妻が例会に出ない日は帰りにコンビニに寄って飲んで帰った。そして「仕事が忙しい」を理由に例会から足が遠ざかっていったのだ。

当時、妻もまだ依存症についてよく知らなかったので、例会に行かないことを疑問に思わなかったらしい。酒をやめたと信じていたので、まさか飲んでいると思わなかったと後で聞いた。

妻に隠れて飲むことばかり考えていた。それが災いし、結果的に最悪の形で再飲酒が発覚することになった。

私は息子の野球チームのコーチもしていたのだが、練習中にいなくなり、酒の匂いをさせて戻ってくることを父兄が気づいたのだ。私が飲んでいるという噂が広まった。父兄たちが家に来て、問いつめられ、逆切れして、酒を買いに行ってみんなの前で飲んだ。

もう死んでしまいたかった。

妻が翌朝、「もう一度断酒会に行きましょう」と言ってくれなかったら、本当に死のうとしたかもしれない。どうしたらいいかわからなかった自分を責めずに後押ししてくれたから、行くしかないと思えた。

「会を離れると飲む」

その日、二人で会場まで行く車中では、終始無言だった。駐車場からの足取りも重く、行きたくなかった。

それでも妻がいたため逃げるわけにいかず、離れていた半年分の会費を握り締めて、恐る恐る会場へ行った。

どんな反応をされるか怖かったが、仲間たちは「よく来たね」と温かい声をかけてくれた。妻がすでに先輩に連絡していたのか、あるいは久しぶりに来た自分を見て飲んだとわかったのか、みんな「苦しかったね」「もう一回、やり直せる。やり直すところはここしかないよ」と言ってくれ、ただ泣くしかなかった。

例会では、何を話したか覚えていない。飲んでしまい、どうしてもやめられなかったこと、以前先輩に言われた「会を離れると飲む」という通りになってしまったので、これからは断酒会に来ることなどを話したと思う。心の重石をとり、すっきりした。ホッとした。救われた気持ちになった。そのことだけは覚えている。

以来、本気で例会に通うようになった。ここで断酒しなければ、息子を始め、コーチをしていた野球チームの子どもたちや父兄に迷惑をかけた自分を許せないと思う気持ちもあった。

不思議なもので、飲んでいた半年の間、断酒会に行こうとは一度も思わなかった。「恥ずかしくてもう行けない」と考えていたからだと思う。断酒会というからには、飲むことは失敗だと思っていたし、正直、行ったら飲めないという酒への未練もどこかにあった。

しかし断酒会に再び行くようになって、断酒会は酒をやめる場ではなく、やめ続ける場なのだとわかった。

先輩には、「飲みたくなったら電話するんだよ」と言われた。それがどんなに心強かったことか。

ここにはそういう人たちがいて、いつでも扉が開かれている。それが断酒会で、自分もその一員なんだと思えた。

また、ただ酒をやめているだけじゃダメだということもわかった。断酒会は自分を客観的に見直すことで、成長していくことができる「人間磨き」の場でもあるのだ。

再入会してから、七年が経つ。

今ではあちこちの例会、研修会に参加し、妻も含め断酒会のある生活が日常になった。

自分の何が変わっただろう?

いちばんの変化は、人の話に耳を傾けるようになったことかもしれない。以前は半分も聞かず、自分の意見を押しつけるだけで、体験談を聞いても自分に当てはめて考えることをしなかった。だから何も変わらず苦しかった。

かつて先輩に言われたことを思い出す。「人の話を聞くところから、断酒が始まるんだよ」

その意味を改めて実感している。

久しぶりで居心地が悪い！でも通い続けた

Ｚ（ＯＡ）

摂食障害の話を聞きたいのに

二十五歳で自助グループＯＡにつながったころ、私は拒食の末の食べ吐きで体重と体力が極端に低下し、歩くのもおぼつかない状態だった。

十一月の寒い日、やっとの思いで会場にたどりついた。とにかく食べ吐きをやめる方法を知りたかった。痩せた体はキープしたいので、何とか食べ吐きさえ収まればと思っていた。

けれどそのときのメンバーは全員すでに症状が止まっていて、摂食障害の話を聞きたいのに、生き方や、日々の出来事などを話すばかりだった。肩透かしにあった気分。

それでも成り行きでしばらく通い、「私は今後、どうしたらいいですか」と聞いた。こういうイベントがあると言われれば素直に出かけ、さまざまな情報も与えられるまま受け取った。スポンサーシップ（※）を勧められ、従った。スポンサーが一対一でやめ方を教えてくれるのかなと思ったら、何か違う。どうしても食べ吐きをやめたいのだ、と訴えたら「生き方を変えていけば、食べ吐きが必要でなくなる時が来る」と言われた。

意味がわからない！

やがて私は過食に移行し、四六時中食べることが止まらなくなった。体力は戻ったが、太った自分が恥ずかしくて外を歩くのも嫌になり、生きていることがつらかった。

スポンサーには「今はそういう時期だよ」と言われ、そうじゃなくて!!と叫び出したくなった。

こんなにひどくなったのは、自助グループのせいだ。何もかもうまくいかないのはスポンサーが悪い。そう思わないと、やっていられなかった。

母が毎日、同棲先に来る

私は二十代前半で親との関係に窒息しそうになり、家を出たい一心で彼との同棲を始めた。なのに症状はどんど

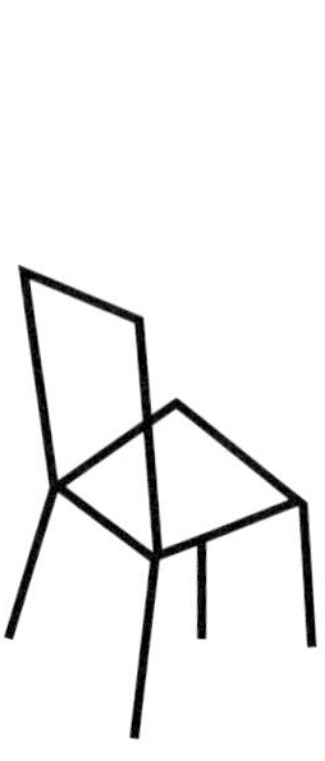

んひどくなるし、相手は仕事ばかりですれ違いだし、結局は母が毎日のように私の同棲先にやってきては、食事を作ってくれたり、掃除や洗濯をしてくれたり、私の様子が心配で泊まっていくこともあった。

　そんな中で過食になり、精神薬の乱用もひどくなり、薬でフラフラの状態で車を運転したりして、もうどうしようもなくなり自ら入院を希望した。入院を機に、グループから離れた。

　その病院で、信頼できる女性の主治医とめぐりあった。

「あなたは薬で治る病気じゃない」とその先生は言い、十代の頃から処方されていた薬を全部切ることになった。

「他人に意思決定をゆだねていないで、自分で決めなさい」と諭された。

　当時、私の周囲は崩壊寸前だった。

　母は疲れ切っているし、彼は私のどうしようもない姿を散々見続けて、このままだと私は誰からも見捨てられ、一人ぼっちになってしまう。ギリギリの瀬戸際だった。

※スポンサーシップ→用語集（107〜109ページ）

変わりたい。変わろう！

　入院前にグループの人が県外のイベントのため予約してくれた、新幹線のチケットが手元にあった。使わないともったいない、というケチな気持ちがエネルギーになって、退院後に生まれて初めて、二泊三日の一人旅を自分で計画し、実行した。

　私、できたよ。やろうと思えばできる人間なのかも？

　少しずつ家事を自分でやるようになり、親との距離もとれてきて、食べ吐きの回数が自然と減った。症状が出ても自分を責めなくなった。さらに楽になり、症状が落ち着いた。

「食べ吐きが必要でなくなる」というのは、こういうことかなと思った。でも自助グループは私には合わなかったんだ、と結論づけた。

がんばった代償は？

　二十七歳で彼と結婚し、いい奥さんになろうと努力した。バイトもちゃんと続いていたし、ご飯も作って、掃除もして、彼にお弁当も作った。

　なのに、こんなに無理してがんばった代償を、どうしてもらえないのか。

　彼は相変わらず帰宅が遅い。連絡もよこさないことに腹が立つ。事故にでもあったのではと心配になってくる。なんだか寂しい。私だって仕事で疲れているのに、彼は家のことを何もしてくれない。

　帰宅するなり不平不満をぶつけるようになり、ますます彼は家に寄りつかなくなり、たまに顔を合わせればケンカになった。

　ちょうどそのころ、主治医が産休に入ったため、私は頼る場所を失った。それでふと、自助グループのことを思い出した。

　連絡がつく人が一人だけいたので、おそるおそる「まだ通ってる？」と聞いてみたら、「通ってるよ。よかったら来て。みんな待ってるよ」と言ってくれたのでホッとした。

　久しぶりに行ってやるか、という上

から目線で表面を取り繕い、出かけて行った。

知らない仲間が多いし、ひとまわりぐらい年の離れた仲間もいて接し方がわからないし、食べ吐きがほとんど治まっているのにここにいる資格があるのかわからないし、居心地が悪い！

それでも、私にはもう行く場所がないのだ。居心地が悪くても、とにかく通い続けた。

思っていることをそのまま言っていいと言われたので、そうした。

「来たくて来てるわけじゃない」

「なんか宗教っぽくていやだ」

「胡散臭いから、一度やめました」

言いたいこと言えたから、来週も行ってやるか……みたいな感じに、自分を保っていた。

みんながうらやましい

彼の隠しごとが発覚し、「知っているんだからね」と追及したら、懺悔するどころか開き直られて、「一人にしてほしい」と言われた。

ミーティングで今までかっこつけて来たけれど、もう耐えられない。

「みんながうらやましい」

「私はもうダメ」

泣きながら、ぼろぼろと弱音を吐いた。そうしたら一人のメンバーが私に「やっと仲間になれたね」と声をかけてくれた。

胸がじわっと温かくなった。

それから毎回、ミーティングのたびに彼との間のことばかり話していた。

場違いではないかな。みんなはどう思っているだろう。そんなふうに葛藤しながらも、止まらなかった。

誰も「そんな話はいい加減にして」とは言わず、じっと聞いてくれた。私が泣くたびに仲間は「大丈夫」と言ってくれて、そうすると、もしかしたら大丈夫かもしれないと思えた。

私はどうしたいのか

二度目につながってから一年たった日、グループのみんながお祝いをしてくれた。私のことを祝ってくれる人がいる。他人なのに、みんながおめでとうと言ってくれる。

私はここにいてよかったと、つくづく感じた。ここにいていいんだ、ここが居場所なんだと思えた。

彼とは二度の別居を経て、昨年から再び一緒に暮らし始めた。

自分でそれを決めるまで、ミーティングで気持ちを整理し続けた。仲間たちがそれを支えてくれた。

相手を変えることはできない。

問題は、私がどうしたいかだ。

彼がどうするかは彼の選択だけど、私は彼のことが好きなんだ、と気がついて心がすっきりした。

今も二人の間に問題がないわけではないが、それなりに穏やかな、悪くない関係かなと思う。

私はこれからもミーティングの中で私自身に目を向け、新しいメンバーと出会い、仲間と経験を分かち合っていきたい。

ミニ体験

今は離れたが、
４・５のステップは貴重な機会だった

Ｑ（ＡＣグループ）

ＡＣグループの存在は20年ほど前から知っていたが、当時は行く気にならなかった。

カウンセリングに５年間通い、離れてしばらくたつと、人間関係でのつまずきや、物事に必要以上にエネルギーを費やしてしまうなど、生きづらさを強く感じ、改めて自分のことを振り返る時間を作りたいと考えてＡＣの自助グループに通い始めた。


しかし、分かち合いの最中にサービスのやり方について責められる体験をし、古くからいるメンバーの言葉や態度に不信感を持ったため、２ヵ月でグループを離れた。

そのあと、別のグループに通った。

そこではサービスに時間やエネルギーをとられることが多く、その分、他のメンバーと関わる機会は増えたが、いろいろな場面で境界に踏み込まれたり問題を自分で抱え込んでしまったりして、次第に疲弊するようになった。

やがてグループの運営にも携わったが、原家族での振る舞いが自助グループ運営で再現される現実にも直面し、団体やメンバーに対する信頼がなくなったため、最終的には参加をとりやめた。


それでも自助グループに一定期間参加したことは自分にとって意味があった。

ふだんの生活の中では「つらいのはみんな同じだよ」といって片付けられてしまうような生きづらさについて、静かに語ることができ、それに耳を傾けてもらえる場があることは、一つの安心につながる。

中でも12ステップ（※）のうち、自分のこれまでの人生について徹底的に振り返るステップ４（※）や、それを信頼できる相手と分かち合うステップ５（※）の作業は、自分の行動の癖や、繰り返してきたパターンに気づく貴重な機会になった。

※12ステップ／ステップ４・５→用語集（107～109ページ）

離れたらどこか物足りなくて、さみしくて、
子どもにもあたってしまう自分が嫌で、
やっぱり私にはグループが必要なんだと思った。
A（ギャマノン）

7章

体験

仲間がいるから、できたこと

グループの中で、
自分自身に起きたプロセスとは?
三人の手記です。

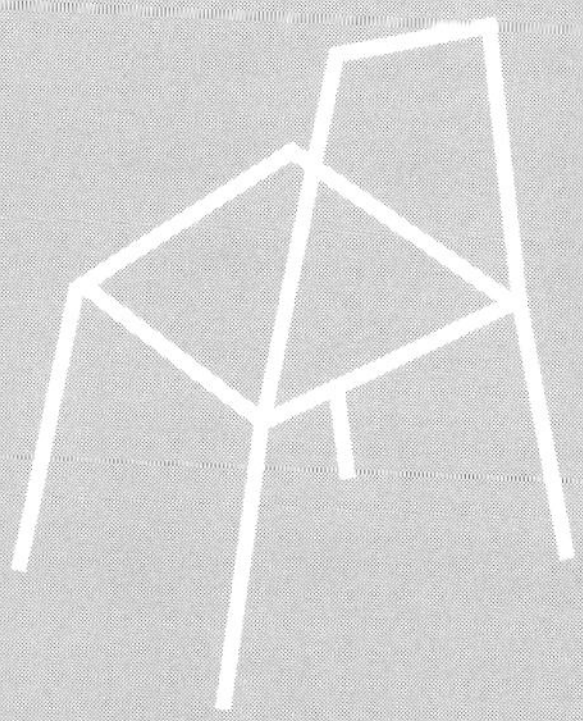

心の奥底で眠っていた思いに気づけた

松本理沙（京都きょうだい会・しろくま会）

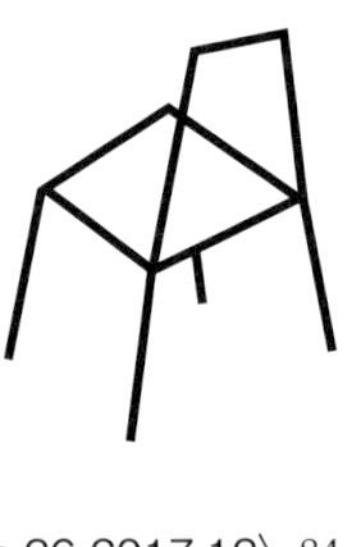

いきなり泊りがけデビュー

私は二〇〇九年春から、大学院で社会福祉学を専攻することになりました。その学びの中で偶然、きょうだい会の存在を知りました。私の弟には知的障害を伴う自閉症がありますが、親は「障害児の親の会」とは距離を置いているタイプでしたので、それまで自助グループは身近なものではありませんでした。

会の存在を知った夏、インターネットで検索し、「全国障害者とともに歩む兄弟姉妹の会（全国きょうだいの会）」のホームページを見つけました。そのページはほとんど更新されていなかったので、活動しているのか不安に思いましたが、約三ヵ月後にダメ元で連絡し、「京都きょうだい会」のメンバーの方を紹介してもらいました。

連絡を取ると、定例会が終わったばかりで「次回は石川県での一泊二日の交流会になりますが、良かったら参加しませんか？」と声をかけていただき、いきなり泊りがけの交流会できょうだい会デビューすることになりました。

「貼り紙事件」

集いの中で私がとっさに話したエピソードは「貼り紙事件」のことです。

私が大学二回生の頃、弟は思春期だったこともあり、自宅の家具を破壊したり、窓を開けて大声で叫ぶこと等を繰り返していました。それに耐えかねた近所の人が、匿名で、「お宅の息子は〇〇〇〇（差別用語）」と赤色のマジックで手書きした紙を自宅玄関に何回も貼ったのです。無言電話も続きました。

家族の中で私が一番帰りが遅かった日に玄関の貼り紙を発見した場合、私が黙ってさえいれば、貼り紙はなかったことにできます。

「今日は親に報告しようか、それとも黙っていようか……」と、一人悶々と葛藤していました。

大学の友達に話したら、きっとド

ン引きされていたであろうこの話を、きょうだい会の人たちはうなずきながら聞いてくださいました。それがとてもうれしかったことを覚えています。

ちなみに、参加者は五十～六十代の男性が多いなと感じました。当時は気にしていませんでしたが、今振り返れば、もう少し同世代の方が多くおられたら、いっそう参加しやすく感じたかもしれません。

参加者としての自分も大切に

参加の回数を重ねるほど、参加者の話から刺激を受け、心の奥底で眠っていた自分の思いに気づけるようになってきました。

最初は「貼り紙事件」のような、第三者から向けられた冷たいまなざし、という視点からしか話ができなかったのですが、やがて、弟や親に対する自分自身の思いについても自覚できるようになり、言葉にして話せるようになってきたのです。障害をもった家族がいることで、我慢してきたことやつらかったことがありましたが、そのような思いに対して罪悪感を持たなくて良いことを教えてもらいました。

毎回のように新たな発見があり、飽きることなく参加を続けました。

現在は、「京都きょうだい会」と「しろくま会」（二十～三十代のきょうだい会）の両グループの運営に関わっています。運営者ではなく一参加者としての自分も大切にしたいため、他のきょうだい会にも時々参加しています。

今後については、どうなるかわかりません。結婚をしたこともあり、自分の生活も大切にしていきたいので、今まで通りの関わり方は難しくなるかもしれないなとは漠然と考えています。

再び傷つけられないように

同じ「きょうだい」であっても、家庭や周りの環境によって温度差があります。

親御さんや世間のウケがよい「きょうだい」のエピソードのほうが、SNS上でも拡散されやすく、世間の認知度も高い印象があります。たとえば、障害理解の啓発（障害のある兄弟姉妹のいいところをたくさん挙げられるよというアピール）や、自分の生い立ちを前向きに捉えているエピソード（障害のある兄弟姉妹と一緒に育ってよかった）などです。

そのような、ウケがよい「きょうだい」の存在を否定するわけではありません。人によっては確かに、障害のある兄弟姉妹が自分の誇りになる場合もあると思います。

ただ、そうしたきょうだい達と同じように、ウケが悪い「きょうだい」の存在も認めてもらいたいと思います。

世間への啓発活動を行なっていくと同時に、せめて自助グループの中だけは、今まで傷ついてきた「きょうだい」が再び傷つけられることがないようにしたいです。世間にウケない「きょうだい」の存在も、全力で認める場でありたいと思います。

十年かかって、仲間の話が耳に入ってきた

Ｙ・Ｐ（ＡＡ）

その場しのぎ

最初にＡＡに行ったのは三十一歳のときだった。

当時私は、休みに飲みすぎて月曜に出社できないことが重なり、職場でたびたび注意を受けていた。会社の保健師が心配し、面談を繰り返していた。連休明け、ついに出社できなくなった私を、保健師が家まで訪ねてきた。それが申し訳なくて翌日どうにか出社すると、「これから病院に行きましょう」とそのまま連れて行かれた。

通院と抗酒剤が始まったが、自助グループは気が進まないので行かずにいた。すると保健師が「今日の夜、ミーティングがあるから」と強く勧めてきた。基本一人でいたいので、そういうものは本当に嫌だった。しかし迷惑をかけた保健師の手前、行かないわけにいかなかった。

私はもともとコミュニケーションが苦手で、学生時代にいじめにもあい、他人との接触をなるべく避けて生きてきた。職場でも自分を出さずに、一人黙々と製造の仕事をやっていた。

酒を飲み始めた頃は、アルコールが入っても自分を押し殺したままだった。酔いを覚えると、少しは陽気になり、飲み友達もできたが、職場の人と飲むことはめったになく、一人で出かけた先に見知った顔が増えていく感じだった。その飲み友達からも、「おまえは何を考えているのか、わからない」とよく言われた。

ＡＡに行った日、早く終わらせて家に帰ることだけ考えていて、誰の話も聞いていなかった。自分も、その場しのぎのことを適当にしゃべった。これで保健師への義理は果たした。

時間がもったいない

酒は一人でやめられると思っていた。しばらくすると抗酒剤はもういいかなと服用をやめ、やがて通院もやめた。これで元の平穏な生活に戻れたと

ホッとした。自分を抑える気持ちは強かったので、人から「もう飲んでもいいんじゃないの」と勧められても、キッパリ断わっていた。

一年半ほどたったある日、会社帰りにコンビニで缶チューハイを買った。別に何のきっかけも理由もなかった。コンビニの前で飲み、なんだ、普通に飲めるじゃん？　と思った。帰る途中でもう一本買い、家で飲んだ。別に何でもなかった。

翌日も同じコンビニで買って飲み、問題ないなと確認した。家に二本買って帰った。大丈夫だ。

気づけば再び、休み明けに出社できなくなっていた。

保健師に首根っこをつかまれ、また通院と抗酒剤が始まった。しかし今度は三ヵ月も続かなかった。

再び飲み始めた頃、保健師が辞めて新任の人に代わっていた。

何とか問題を起こさずに、会社を休まず、うまく飲む方法はないか。苦しい手探りが始まった。朝一杯飲んでから出社する。酒が切れないよう休憩時間に飲む。結局は仕事にならず、周囲にひそひそ言われたが、面と向かって注意する人はいなかった。

あるとき、飲むチャンスがつかめないまま時間が過ぎていき、てんかん発作を起こして救急搬送された。

その後、課長の手配で専門病院に入院することになった。夜は熱心な患者に引きずられてＡＡミーティングへ出かけた。二度目のＡＡだったが、やはり誰の話も耳に入ってこなかった。時間がもったいないと思った。

自分の力でやめるぞという気力はもう残っていなくて、とにかく元の生活に早く戻りたいということだけを、ぼんやり考えていた。

またあの人たちに会える

一時帰宅でアパートに帰ったら、部屋は酒の空き缶だらけ。片付けで一日が終わり、病院へ戻った。飲まなかった自分に安心した。

翌週、外泊でアパートへ。今度はきれいな部屋だ。何をしたらいいのか。結局、飲んでしまった。次の外泊でも飲酒し、強制退院になった。

もうどうにでもなれと、一人でひきこもって飲む生活が続いた。

やがて郷里の親が呼ばれて、郷里で専門クリニックに通うことになった。

そして三回目のＡＡ通い。

そのとき初めて、わかった。ここには飲まずに生きている人たちがいる。「また来てね」と言われたことが、少しうれしかった。

ミーティングに行けば、またあの人たちに会えるのだ。郷里にいる間、ＡＡに通い続けた。

もうだめだ

復職を前にアパートに戻った。

すると再び人に会うのが面倒になってきて、ミーティングに行く回数が減った。やがて飲み始めたが、それまでとは様子が違った。

少しの量で、わけがわからなくなってしまう。酒が切れて買いに行こうとするが、歩くこともできない。

もうだめだ。

なぜこんなことになってしまったんだ。一体どうしたらいいんだ。

ＡＡに集まる人たちが、飲まずに生きている意味を考えた。それこそが自分に必要なんだと思った。

初めてＡＡに行った日から、十年がたっていた。

自分を変えたい

ミーティングへ出かけると、今度はみんなの話が耳に入ってきた。どうしようもない失敗のエピソードに、バカだなーと思ったが、待てよ、自分も同じことだと気づいた。極端な話を通して、自分の問題が何だったかに気づく繰り返しだった。

今までうまく言葉にならなかったことも、他の人の言葉を通して「そうだったのか」と納得できた。

自分はどう感じたか、ということを少しずつ話すようになった。

復職というゴールを前にすると不安になる。今までは不安になるたび飲んでいた。自分の弱さ。うまくやれない自分を人に見られたくないこと。

ＡＡのミーティングという場で、初めて自分自身に目を向けた。その自分を変えていきたいと思った。

ただ酒を飲まずにいるだけでは、昔の自分と変わらない。ある日、コンビニで酒を買ってしまうだろう。それをしないでいられるのは、ここにいる人たちとの「つながり」があるからだ。

今日は疲れたな、人と会うのは面倒だなと思っていても、ミーティングに出れば、帰りは気持ちがスッキリしている。この不思議な感じがいい。

ミーティングの資料準備を引き受けた。かつてなら自分だけでやるほうが楽だと思って決して人に頼んだりしなかったが、他の人にも作業を分担してもらうようになった。

困ったときは、助けを求められる自分になりたい。誰かの助けになれるような自分になりたい。

復職後の自分

つながりは、ＡＡの中だけに限らない。職場での自分も変わった。

実は復職にあたって、同じ現場には戻してもらえず、事務系の職種に異動になった。製造現場と違い、周囲とやりとりしないと仕事が進まない。

復職して四年。今は会議でも発言するようになった。かつての自分には絶対にできなかったことだと思う。

自分自身の変化はほんの一歩ずつで目に見えないが、あとから来た仲間の変化はよく見える。ボロボロの状態でやってきた人が、みるみる正気になっていき「変わったなあ」と思えたときは本当にうれしい。

あの頃はわからなかったが、自分もこんなふうに変わっていったのかな。

今も、すべてが現在進行形だ。これからの自分を楽しみにしている。

「ちゃんとしなくていいよ」と言い合えるようになった

S・S（NA）

自分が許せない

NAにつながって十五年になる。最初は回復施設とNAの違いもわかっていなかったし、「仲間」や「自助グループ」の必要性も感じていなかった。

たくさんの回り道をしたが、それでも結果的に、仲間がいたからできていることが二つある。一つは、薬と酒をやめ続けていること。そして、この自分と折り合いをつけながら生きていることだ。

僕は、回復施設に二回入寮している。最初のときは、回復の意味もわからないまま仲間の女性とつき合いだして、五ヵ月半で飛び出した。

まともな職にはつけなかったが、彼女との生活はうまくいった。結婚も考え、未来に希望を持った。けれども一年ちょっと経ったある日、それは突然終わった。僕が仕事を終えて深夜に帰宅すると、寝ているはずの彼女が布団の中で冷たくなっていたのだ。脳内出血だった。

パニックになり、彼女の仲間に電話をすると、葬儀屋を連れてきてその後のことをすべて請け負ってくれた。葬儀では何人か仲間が来てくれたが、知った顔があるというくらいの感覚で、誰が誰だかわからなかった。

そして僕は、薬を使った。

いつも彼女と「薬を使わない生き方をしていこうね」と話していたのに、その思いを簡単に裏切った自分が許せなかった。そんな自分に向き合いたくなくて、さらに薬を使い、逮捕されて実刑十ヵ月の判決を受けた。

太鼓の達人!?

満期で出所した後、回復施設に連絡したのは、行く当てがなかったこともあるが、今思うと寂しかったからだ。

ところがのっけから、衝撃だった。薬でよれている姿しか見たことのなかった人に、「寮長です」と挨拶をされて驚いた。太鼓のプログラムを「かっ

たるいからさぼろーぜ」と言っていた人は、さぼるどころか太鼓の達人になっていた。

施設を離れていた三年という月日の大きさに愕然とした。プログラムを続けていると、こんなに変わるのか？と。それは僕の自己憐憫のネタにもなったが、やめ続けているとこうなれるというモデルにもなり、回復の原動力になっていったように思う。

今でも不思議なのは、チャンスがあったのに出て行かなかったことだ。三ヵ月目のとき、どこかから出所の噂を聞きつけて、以前の仕事仲間が僕を迎えにきた。けれども、なぜか「せめて九ヵ月くらいは施設に居よう」と考え、帰ってもらったのだ。

以前は施設に居たくない理由を探していたのに、「とりあえず今は居たほうがいいのかな」と考えるようになり、確実に変化が起きていた。半年目にはスタッフ見習いとして役割をもらい、九ヵ月経っても、出ていこうとは思わなかった。

それでも、仲間意識やここが自分の居場所だという感覚を持つまでには、時間がかかった。

子どもの頃から染み付いていた「どうせ」という気持ちがあったからだ。

人も自分も信じられない

「どうせ」の後には、いろんな言葉が続く。どうせ俺なんか、どうせ信じてもらえない、どうせ無理、どうせダメ……。それは僕が幼い頃から何度も確認してきた「やっぱりダメだ」の結果で、人も自分も信じていなかったのだ。

その始まりは、今思うと小さなことだった。幼い頃、妹が僕のおもちゃを壊し、怒ったら妹が泣き出した。すると、母に「何泣かしてるの！」と怒られた。妹がおもちゃを壊したからだと言っても聞き入れてもらえず、ホウキで叩かれ外に締め出された。そんなことが何度もあった。

僕が言っても、お母さんは信じてくれないんだと感じた。その頃から、神社の賽銭あさりや万引きをするようになった。密かにスリルを味わうことで、気分を変えることを覚えたのだ。これが僕のアディクションの根っこだ。

十代になる頃には、お決まりの不良コースを歩み、少年院に入った。

優等生で出所し、一時は父親の職場に就職して真面目に働いたが、結局は再び薬を使い、刑務所に四回入った。

一度、刑務所に入ってしまうと、「やっぱりダメなんだ」「どうせ俺なんか」という気持ちが強くなる。刺青の人たちに「おまえに堅気の仕事は無理なんだよ。出たら俺のところに来い」と言われると、やっぱりまともに生きることなんてできないんだと感じていく。

四回も入ればなおさらで、回復施設の中でも違い探しばかりした。あいつは刑務所に行ってないから、一回しか入っていないから、俺の気持ちなんかわからない。あいつは覚せい剤だから、シンナーを使った俺とは違う。そもそも最初に親が俺をダルク（※）なんかにつないだから、こんなことになった。彼女が死んだから、こんなことになった、などなど。

恨めるだけ恨んだのは、自分のことが嫌いだったからだ。ありのままの自分など受け入れられなかった。

それでも投げ出さずにすんだのは、施設のプログラムを通し、少しずつでも仲間に自分を分かち合うことができたからだと思う。

施設を移動したとき、施設長が亡くなった彼女の葬儀に来てくれた人だったことも大きい。顔も覚えていなかったが、「あのときは大変だったね」と言ってくれ、泣けてきた。自分がつらい部分を持っていることを、知っていてくれる人がいる。それだけで、どれほど心が救われるか教えてもらった。

仲間とつながっている

それまでの人生では、いくらちゃんとしようと思っても、結果的にできない自分しかいなかった。けれども「ちゃんとしなくていいよ。そこが問題なんじゃない。シラフでいれば何とかなるよ」と仲間と言い合えるようになった頃、こんな自分でも受け入れてくれると思えるようになっていた。

そういう仲間とつながっていることに、誇りのようなものを感じたのは、三年目に参加したNAのコンベンション（※）だった。

それまでにもコンベンションに参加したことはあったが、行くというより連れて来られている感覚で、「県外に来たんだから、抜け出して遊ぼう」という気持ちしかなかった。

でも、そのときは違った。仲間の体験談を当たり前のように聞いていたし、その場にいることが自然だった。

海外からも人が来ていて、NAの大きさを感じたこともあったと思う。大きな輪の中にいる自分を実感した。

東南アジア系の人が近づいてきたとき、仲間が「あの人、おまえに似てる！」と言うので、身振り手振りで挨拶をした。ネパールから来た人で、ハグをして一緒に写真を撮った。

彼とはその後も大きなイベントで再会し、お互いずっとNAにつながっていたんだねと喜びあった。

気づいたら、全国にもNAの仲間ができていた。みんなそれぞれの土地にいるので、イベントでしか会えない仲間の方が多い。会えないと、「いなかったけどどうしてる？」と連絡を取り合い、近況を報告しあう。それは施設で体験した密な人間関係とは違う、別の連帯感だ。僕には、この二つがどちらとも必要だったのだと改めて思う。

仲間の大切さは、クリーン（※）の年月を重ねるごとに身にしみて感じる。

今も「自分が好きになりました」とは言えないし、壁にぶち当たったとき「どうせ」という気持ちが出てきて、投げやりになりそうなことはある。でも、仲間に話したり「どう思う？」と聞くことで、楽になる。困ったときの選択肢の中に、孤立するのではなく、自分を楽にする選択肢が自然に含まれているのが、以前との大きな違いだ。

※ダルク＝薬物依存の回復施設。当事者によって運営され、全国各地にある。
※コンベンション／クリーン→用語集（107〜109ページ）

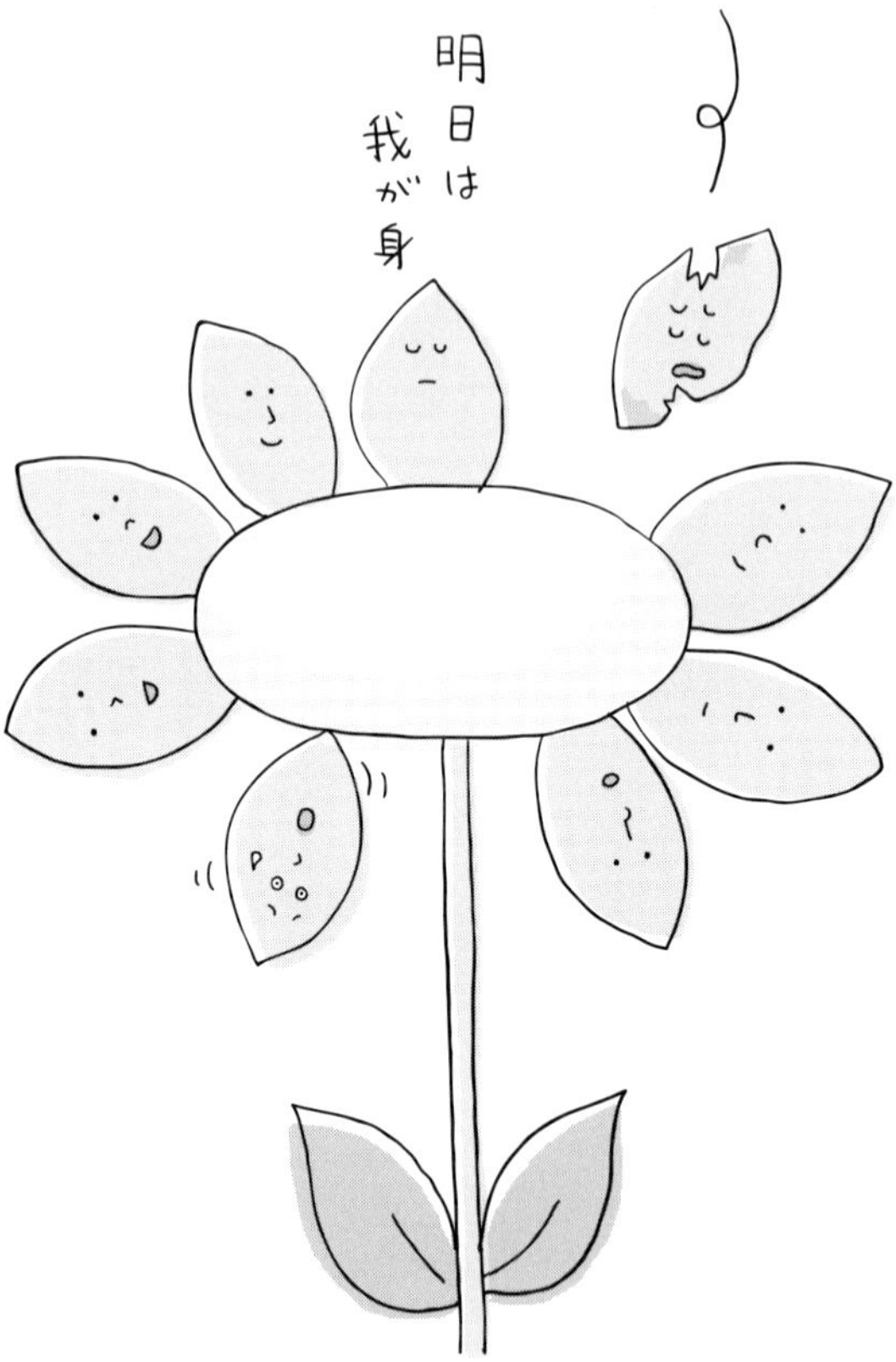

グループを離れようと思ったことは何度もあった。しかし、来なくなった仲間がボロボロな姿で戻ってきたり、うわさで仲間の死が伝えられると、「明日は我が身」と気持ちを引き締めなおした。

かずあき（GA）

8章

自助グループ　あれこれ問答

坂元義篤
鶴田桃工
&
高橋直樹

日頃の疑問、悩み、
そして一筋縄ではいかないグループ運営。
自助グループの難しさについても、本音で語ってもらいました。

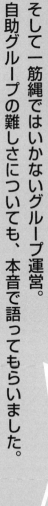

アンケートより

自助グループ、ココが難しい

「自助グループ、ココが難しい」の設問に、率直な声が寄せられました。圧倒的に多かったのは「人間関係」。グループをこえて共通する答えも多かったため、ここではグループ名なしでご紹介します。

いろいろな人がいるので、中には**感情のコントロールが難しい人**とかもいて、そんな時は、どうしたものか、と思う。

共感する点が多いほど、線引きができずに巻き込んだり巻き込まれたり、時には嫉妬で足を引っ張り合ったりすることもある。**適度な距離**が必要。

同じメンバー、同じ体験談で3～5年すると**マンネリ化**してしまう。他の会や、県外の行事参加も大切である。

一度見学に来たけど、それきり来ない……
3回ぐらい来たけど、それきり来ない……
そんな方々が、いっぱいおられます。
どうすれば続けて来てもらえるのか？
私たちの説明？　対応？　場所？　時間？　雰囲気？
……**来なくなった方は**、今どうしているのでしょうか？
他の場所につながったのならいいんですが……

人間関係が下手で依存に至った人たちの集まりなので、人間関係が難しい。**オレ様根性**が抜けない。

目的は同じだが、意見の相違があり、お互い**妥協しあえない**ことがある。

一度離れると、
戻るのが難しい
と思います。

一見さんに対する無愛想さ、
怪しさ、フォローの悪さはど
うにかならないか。

最近の**若い方たちに**
話してもわかってく
ださらないことがあ
り、考え方の違いも
あり、少し難しい面
があります。

今抱えている問題に関わって
いる人がグループにいた場合、
どう話すか気を遣ったり、
話すのをやめたりする。

グループの役割決めで、
手が上がらない。

相互扶助が前提であり、リーダー
のもとで統率がとれた組織では
ないので、**仲間同士の人間関係**
に動揺が生じたときなど、グルー
プ全体が不安定な状態になるこ
とがしばしばあるように感じる。

司会やメンバーによって雰囲気が変わる。
運営する立場になると、負担が大きい。
メンバーの入れ替わりが激しい。
初めて来てくれる人はコンスタントにい
るのですが……

こんなとき どうしたら？
断酒会員と家族の「ぶっちゃけSOS」

今回の増刊号アンケートには、自助グループの「難しさ」についても率直な声が寄せられた。たとえば「人間関係が難しい」は、どのグループからも挙がっている。

そこで断酒会員や家族の方々からの「ぶっちゃけSOS発言」を、静岡県断酒会理事長の坂元義篤さんにぶつけてみることにした。坂元さんは断酒３年のころより現在まで28年間、酒害相談に携わるとともに、2007年からは服部病院の相談室に勤務し、入院患者のミーティングや家族相談など広く担当している。

静岡県断酒会理事長
坂元義篤

1 体験談がマンネリ化する

——アンケートに、こんな記述がありました。「六年も通っていたら体験談のネタがつきた」「同じメンバー、同じ体験談で、三〜五年するとマンネリ化してしまう」

いいポイントを突いていますねえ（笑）。

聴く側と語る側、双方から考えてみましょうか。

まず聴く側ですが、相手が同じ話をしているように思っても、自分の「聞こえ方」はその時々で変わってくるはずです。たとえば最初は「自分はこんなひどいことはしていない」と違いが目につくかもしれない。そのうちに「自分も一緒だ」と思ったり、相手の話から今まで忘れていた記憶が喚起されるかもしれません。

聞いている自分の中に何が起きるかに注目しながら、耳を傾けてみたらどうでしょうか。

次に話す側です。最初は「酒のせいでこういうことをやりました」「こんなことがありました」と事実を話すだけで精一杯だと思います。時間がたつにつれ、そのときどんな気持ちだったか、何に傷ついていたのか、なぜそんな行動をとったのか……と、心情の部分に少しずつ踏み込んでいかれるようになります。

同じ話を何回してもいいんです。体験談がどう深まっていくか、それこそが回復の証です。

心情を語ることで、聴く側の「自分もそうだった」という思いが喚起され、それが次の体験談につながる。「同じだ」と思うのではなく、聴く側も能動的な聴き方をすることによって、一人一人がその場に参加し、例会というひとつの場を作り出す。本来「言いっ放し、聞きっ放し」にはそういう機能があると思います。

2 人間関係が難しい

――次のSOSは「人間関係が下手で酒に頼った人たちの集まりなので、人間関係が難しい」です。

自助グループに集まってくる人は基本的に、コミュニケーションが苦手なことが多いでしょうね。

そもそも、依存症になりたくてなった人はいない。気持ちを言えずに酒にのめりこんだかもしれない。話をするため酒で勢いをつけようとしたかもしれない。感情をコントロールするのに酒が必要だったかもしれない。

いずれにしても、人間関係に問題があったわけです。

そこへ初めて、仲間という感覚、同じ断酒という目的をもち同じような体験をした人たちの絆を味わいます。

つい、その関係は万能なものだと信じたくなるかもしれませんが、そんなことはないですよね。人が集まればいろいろな違いはでてきます。

自分と違う相手にどう伝えるのか？　今までは酔って不満をのみこんだり、酒の力で言いたいことを言ってきた人が、飲まずに自分の思いを伝えるのは、回復のために絶対必要なことです。

そのためにはまず、人の話をしっかり聴くことからスタートするのがいいと思います。次に、自分が語ることを通じて、伝えたいことを整理して話す練習をする。これを繰り返すことで、自分の「想い」に少しでも近い言葉で、相手に伝えることができるようになります。まさに例会でやっているのも、このプロセスです。

昔の例会では「今ちょっと酒を飲みたい気持ちになっている」なんて言うと、「簀巻きにして川に放り込むぞ」と叱られるような場面もありました。これでは気持ちは言えないですよね。正直に話せたこと自体が大切。白らの体験談や想いが批判されないことが大前提です。

誰かの話を聞いていて、これは危なっかしいなと感じて助言をしたくなることがあります。例会が終わってから「こういう考え方もあるよ」「自分のときはこうだったよ」とだけ言えばいいのですが、我々にはけっこうおせっかいな面があって、言わなくていいことまで言ってしまったり、気持ちが先走って相手に伝わりにくい言い方になったりします。

※『指針と規範』断酒会規範七より。

そういう目にあって嫌な気分になったら、反面教師だと思って「自分だったらこういう言い方をする」と考えておけばいいですね。今後にきっと役立つでしょう。

別の面もあります。言われた時には理解できず「なんだ！」と腹が立つ。けれど数年たってみて「こういうことだったのか」と気づいたり、「あの人はあのとき、こんな思いだったのかな」と理解できたりするのです。

こうした人間関係の課題は、酒をやめていくこととセットです。酒さえやめればいいのではない。回復途上で直面することは、酒に走った背景とどこかで関連しています。生きなおすためのヒントがそこにあるのです。

3 行事が多くて大変

――次は、「行事が多くて大変」「仕事と断酒会の行事・例会との両立が難しい」です。

大変だったら「しんどい」「大変だ」と言えることが大事ですね。不満をためながらも黙ってやっているとか、周囲の期待がどんどん重くなっているというのでは、飲んでいた時代と変わらなくなります。

時期や状況によって、例会参加を何より優先すべきときもあるでしょう。そんなときは職場に理解をもらい、仕事をセーブして両立をはかるしかありません。逆に、仕事のために行事に出られないこともあるでしょう。自分で優先度をしっかり判断することですね。

……ここまではいいとして、いよいよ難しいのは会の中での役割を引き受けている場合だと思います。

そのときも、一人で気持ちをためこむのはやめましょうよ。「ちょっと今、いっぱいなんだよね」「もう無理だ」と言っていいのです。

私なんて、愚痴ばっかり言ってます。

「あー大変だ！」と言うだけでも少し楽になるし、時には「俺も○○なら手伝えるよ」と言ってくれる人が出てきて、うれしくなります。「大変だよね」とわかってくれるだけでも、うれしいものです。

本来、自助グループは自分のためのもの。他の人の世話をするためだけにいるわけではありません。だから、「こんな役割をやらされている」と思ったら不満がたまるばかりです。「この役割をやらせてもらうことで、自分の財産になる」と思えることが大切だと思います。

ただしくれぐれも一人で背負わない。皆ができる範囲で担っていくことが肝腎ですよね。

4 家族の悩み

――断酒会は、例会に「家族の出席を重視する」（※）というユニークさがあります。

アンケートでは「初めて行った日、家族の話が印象に残った」「他の人の家族の話を聞くことで、自分もそうだったのか、と思えるようになった」など、当事者の多くが家族が参加しているメリットを挙げていました。

一方で、家族からはこんな声が……

「家族として言いたいことはこの場で話しなさい、と言われ、バカ正直に夫のやってきたことを話すと、帰り道は『オレに恥をかかせた』といつもケンカになる」

「本人が一緒にいると、本音が言えないときがある」

「思っていることをどんどん言いたくなるが、どこまで話していいのか」

私も断酒会に入会したばかりの頃は、家内が調子に乗って僕のことをしゃべっている！　とムッとして、帰りの車の中では、口もききませんでしたよ（笑）。あの頃はまだ、自分の問題を自分のこととして受けとめる準備ができていなかったのです。

ところが不思議と、他の家族の話なら素直に聴けるんですね。それを糸口に、自分の家族のつらさが理解できるようになっていく。最初の頃の反発は、誰でもかかるハシカみたいなものだと思います。

それから、家族が例会で話すことにカッカするのは、「飲む口実を探している」という面もあります。そもそも断酒会などへ行きたくない。常に不満な点を数え上げていますから、そら来たとばかり怒りだすのです。

そこに乗っからずにすむ方法があります。本人のよくないところだけでなく、過去と比較して「いいところ」にも注目しましょう。たとえば帰り道に「今日はいろいろ言ったけど、こうやって一緒に例会に出られるだけでうれしいな」とニッコリ。「あの頃から考えたら、二人で出かけるなんて、すごいことだよね」としみじみ。……そんな言葉を聞いたら、もう怒っていられません。

例会でも、最初のうちは「うちの夫はこんなことをしました、あんなこともしました」と訴えがちですが、夫のことを話すのではなくて「私はあのとき本当に情けなくて悲しかった」「私はどうしていいかわからなくて、目の前が真っ暗になりました」のように、自分の気持ちに焦点をあてて話してみることです。そうすれば「俺のことばかりいいやがって」という反発は少なくなります。

家族としては、もっともっと言わないと収まらない部分があるのは当然です。できれば家族だけで集まる場があるとよいと思います。地域によっては断酒会で家族だけの独立した会を設けています。それがない場合は、例会の前後に家族同士が交流して気持ちを吐き出したり、病院の家族会などを活用するのもいいでしょう。

本人だけでなく家族も、家庭内でコミュニケーションが取れない状態が長年続いたために、身近な人との会話のしかたを忘れてしまっているかもしれません。

だからこそ、断酒会にともに通って共通の話題ができることは、お互いの関係を再構築する一つのきっかけになると思います。今までは「あー、うー」だけだった相手と、「今日の例会はよかったね」と話せるようになってくるのです。

――同じく妻の立場の方からです。「夫が亡くなりました。断酒会との関わり方を変えるべきなのでしょうか」

静岡県断酒会では、夫が亡くなってから十五年以上、家族会員として参加を続けてくれている方もいらっしゃいます。ときどき顔を見せてくれる方も、大会だけ参加してくださる方も、どんな関わり方も大歓迎です。

ためらいがあるなら、聞いてみたらどうですか?「夫とのたくさんの思い出がある場所なので、通い続けていいですか?」「苦楽を共にしてきた皆さんの輪の中に、これからもいさせてもらっていいですか?」

相手の気持ちを推し測ってあれこれ考えるより、出ていいのかしら、と不安ならば「私、出ていいですか」と聞いて、いいよ、と言われたら堂々と出ればいい。

長年の家族としての体験はきっと役に立つと思いますし、夫を見送った体験は貴重です。私だっていつかは棺桶に入るわけですが、その心の準備にもなりますから。

――「妻の立場の例会参加者が減っている」という声もあったのですが。

医療の場にいても、家族と言えば妻、ではなくなったなと感じています。子どもが高齢の親を連れてくるケース、そして特に増えているのは、親が子どもを連れてくるケースです。

親の場合、「自分の子どもだから最後の最後まで面倒をみなければ」という思いやエネルギーは大変なものがあります。問題は、それが空回りしやすいこと。

子どもを監視しなければと思ってしまう→子どもは苦しくて逃げようとする→親は不安になり、さらに子どもをかまう→暴力になる　などです。

子どもが自助グループにつながったら、できれば自助グループにゆだねてほしいと思います。親が一緒だと、本音が言いにくい。親の言葉の端々に、余分な一言が混ざりやすく、子どももそれに反応しやすいんですね。中には、断酒例会に交互に出ている親子のケースもあります。親が出るときは、子どもは出ない。それも工夫の一つかもしれないし、親は親で気持ちを吐き出せる場が必要だと思います。断酒会における家族の存在も、時代状況とともに変わっていきますね。

「いつまでたっても模索中」
自助グループ「NABA」の七転び八起き

★発足30周年を迎えたNABA＝日本アノレキシア（拒食症）・ブリミア（過食症）協会。摂食障害の自助・ピアサポートグループだ。会員制でミーティングや会報『いいかげんに生きよう新聞』発行などを行なっている。
★東京・世田谷の事務所兼ミーティング場へ伺って、代表の鶴田桃エさんと事務局長の高橋直樹さんに話を聞いた。NABAのユニークな軌跡と、これまで直面してきた課題とは？

日本アノレキシア・ブリミア協会（NABA）
高橋直樹　鶴田桃エ

——三十周年、おめでとうございます。

桃エ　記念フォーラムの一週間前になって関係者の方々に招待状を出すという、後手後手の状態でしたけど、それも私たちらしい。これを機に久しぶりの仲間にも会えました。三十年ぶりに訪ねてくれた人もいます。

　アルコールや薬物のグループでは「来なくなったら再飲酒・再使用してしまう」という考え方がありますが、NABAはそもそも「症状をなくす」ことを目的としていないし、女性はその時々のライフステージによって居場所の必要性も行動範囲も変わってきます。だから、いろいろなつながり方を工夫してきました。

　数年に一度顔を出す仲間もいるし、摂食障害の症状がなくなってから改めてつながる仲間もいます。

　最近よくあるのは、四十～五十代になって親との関係に悩んでNABAに戻ってくるメンバー。介護問題に直面する時期でもありますよね。世の中にはそういうことを話せる場所って少ないんだなあと実感しています。

——発足当時の話を聞かせてください。

桃エ　一九八七年に精神科医の斎藤学氏によってNABAが発足しました。当時はAKK（※）の事務所に間借りしていて、水曜の午後六時から八時半がNABAミーティングの時間でした。

でも子どもがいる人は夜の外出が難しい。日中のミーティングもやりたいね、という声が上がりました。マックやダルク（※）など依存症の仲間たちが居場所を構えてイキイキやっている姿を見ると、私たちも自分たちの場所がほしい……と夢がふくらみました。

生き残るために

桃エ　そのころ斎藤先生が「あなたたちも自立してほしい」というので、すっかり真に受けて、みんなで話し合って何かやり始めると、先生が不機嫌になったり、「それはもうこっちで決めたから」と言われることがよくありました。話が違うじゃん！　って（笑）。

それから、当時の私たちに限ったことではないと思いますが、治療者という「親的な存在」がいると、どうしても先生からの愛の争奪戦みたいになってしまって、仲間同士の平場の関係が作りにくかったことも大きいです。抜け駆けしないように窺《うかが》い合うような関係が、本当に嫌になりました。

そんなことが動機になって、発足から七年後の一九九四年、この事務所兼ミーティング場を借りて移転・独立しました。それまでは、「自助」といってもミーティングには先生が入っていました。この時から本人だけでミーティングも運営もするようになったんです。

――財政的なメドがあったんですか？

桃エ　家賃だけで当時、一五万円。お金のやりくりが予想以上に大変でした。斎藤先生が心配して、ちょうど先生がクリニックを始めたところだったので「うちにおいで」と声をかけてくれました。

仲間の中でも意見が分かれました。提案にのろうという人もいたし、それでは何も変わらない、と感じた人もいたんです。結局ＮＡＢＡとしては先生の元には戻らない道を選びました。

あちこちの関係者を体当たりで訪問して、摂食障害やＮＡＢＡの活動への理解を求め、相談しました。

生き残り策の一つが、一九九五年の十二月に創刊した関係者向けニューズ・レターです。私たちの決意やこれまでの感謝、現状の困難を書いて、応援してくださいと呼びかけました。ＮＡＢＡを支援してくれる「ＮＡＢＡ応援団」が発足します。ＮＡＢＡを支援してくれる会費制の別団体です。

都の社会福祉協議会は、さまざまな助成金のしくみについて教えてくれました。

そうやって少しずつ財政基盤を固めていきました。

ＮＡＢＡの収入は現在に至るまで、四つの分野で構成されています。「会員の年会費」「イベントなどの事業収入」「応援団の会費や寄付」「助成金」です。

助成金では冊子をつくったり、出前セミナーをやったりしています。今年も全国五ヵ所で開催します。

……こう話すと立派な団体みたいですけど、活動の多くが収入にならないので、財政はいつも綱渡りです。

「さよなら」の意味

――場所と財政を独立させて、中身も独立？

桃エ　息巻いて独立したものの、当初は、財政面では斎藤先生をあてにしていました。これまでどおり先生にイベントの講師をしてもらえば収入は大丈夫という甘い気持ちだったんです。でも、そうしているうちは先生との関係は変わらないことがわかりました。

関係者からは相変わらず「斎藤先生の娘さんたちのグループ」と見られて一人前に扱ってもらえない。私たちも、先生から何か言われるとビビッてしまって自分たちの選択ができない。

一九九六年の秋に一大決心をして斎藤先生のところへ行って、「これまでお世話になりました。来年のＮＡＢＡワークショップにはお呼びしません。他の講師を頼みます」と言って「さよなら」を伝えました。

あのころは怒りを原動力にして、「さよならを言ってやった！」くらいに思っていましたけど、私たちにさよならを言わせてくれたことが斎藤先生からＮＡＢＡへの一番のプレゼントだったんだなと、感謝できるようになりました。……ずいぶん経ってからですけど（笑）。

――そうして、自分たちだけで歩み出した。

桃エ　「自分たちだけ」ではなくて、むしろどんどん横のつながりを広げていきました。依存症の回復って依存対象を分散させることですけど、団体の成長もまさに同じです。一人の人や場に頼るのではなく多くの人に助けてもらう。特に女性同士のつながりが力になりました。

当時、依存症の自助グループや施設の多くが男性中心の回復モデルしかもっていなかった。女性には違うものが必要なんだ、そんな声が上がり始めた時期です。

ＤＶ被害女性たちやフェミニズムの考え方との出会いも、ＮＡＢＡにとっては大きかったです。

違いをそのまま大公開

――ＮＡＢＡには男性メンバーもいますよね？

※ＡＫＫ＝「アディクション問題を考える会」。二〇一六年に会員組織は閉会（各地の相談例会は現在も独自に活動）。
※マック、ダルク＝当事者が運営する回復施設。マックはアルコール依存、ダルクは薬物依存が中心。

桃エ　少数ですが最初の頃から男性メンバーはいました。男性クローズドのミーティングが開かれていた時期も何度かあります。ただ、男性同士だからつながれるかというとそうでもないんです。フェローシップ（※）の時間にお互い話すでもなくそっぽを向いて座って、私を「兄貴分」に見立てて話しかけたり、逆に、か弱そうに見えるビギナー（※）の女性メンバーの保護者ぶってみたり。

直樹　男性って、序列や目的がはっきりした関係しか知らないから、NABAみたいな場で、何気ないおしゃべりをしながら情緒を分かち合うって難しいんだと思います。それでも中には、マッチョな関係性とは違う男性同士のつながりの形をNABAを通して作っていく男性メンバーたちもいます。

桃エ　一方で、女性同士ならすぐつながれるかというと、そんなことないです。「異性との関係が苦手なようで、実は同性との関係はもっと苦手で怖い」というのが摂食障害者だと思います。「ニコニコ仮面」で表面的な関係は作れても、距離が近づいてくるとちょっとしたことで関係を断ち切ってスッと離れてしまう。具合が悪いなら具合の悪い顔ができる、意見が違うときにはぶつかれる、そんなことが私たちにとっての成長かなと思っています。

――NABAのニューズ・レターではまさに、そうした意見の相違もそのまま公開されていましたね。

桃エ　男性がいると安全と思えない、男性が来る曜日を限定してほしい、という声が上がったり、女性クローズド・ミーティングを作ればいいという意見が出たり。

年会費の問題でも揺れました。生活保護の人は会費を免除すべきではという意見があって、でも本人の立場からは逆に、免除されたら負い目に感じてしまうとか、分割払いも事務の手間から限界があるとか……。

他にも本当にいろいろなことがありました。問題が起これば その都度話し合うけれど、一方でルール自体は独立当初に作った最低限のシンプルなものを変えていません。問題をオープンに話し合える環境やその過程自体が大事で、無理に結論を出したり、ルールを増やしたりすれば結局人を排除して息苦しい場になっていく。考え方の違いは違いとして、あえて共存させたままやってきました。だから、NABAはいつまでたっても模索中です。

――親の立場のグループ「やどかり」について聞かせてください。本人と親が一緒というのは抵抗ないですか？

桃エ　ＡＫＫ時代に斎藤先生のミーティングに参加していた親の一部が、ＮＡＢＡ移転と同時にこの場所で週一回のミーティングを始めました。場所を借りているから「やどかり（宿借り）」です。
　ＮＡＢＡとやどかりは別団体として距離感を大事にしてきたので、親と本人の葛藤みたいなものは少ないと思います。イベントなどでお互いの話を聞くと、「自分の親と重なって腹が立つ」とか、「子どもから責められている感じがする」ということもあるけど、実際の親子ではないから、かえって素直に聴けることもあります。
　ＮＡＢＡの電話相談の三分の一は親からで、親は本人よりさらに、行くところがないんです。子どもを変えようと奔走するより、まず親自身が自分の気持ちを吐き出す場所が必要なことをお話しして「やどかりがありますよ」と紹介できて助かっています。親が「自分を生きる」ことを始めると、本人も変わっていくことが多いです。

続けることが、えらいのか？

――各地のＮＡＢＡグループとＮＡＢＡの関係は？

桃エ　現在、全国一〇ヵ所で「仙台ＮＡＢＡ」「京都ＮＡＢＡ」のようにＮＡＢＡの名を冠したミーティングがあります。本部・支部などではなく、対等な関係でそれぞれ独自に活動しています。ファシリテーターがＮＡＢＡメンバーであることと、「言いっ放し、聞きっ放し」などのミーティングの原則を守ってもらうことが基本的な条件で、あとは自由にやってもらっています。ＮＡＢＡのモットーは「いいかげんに生きよう」ですから。

直樹　新しくミーティングを始めてくれる仲間には「無理をして続けて死にたくなるぐらいだったら、グループを閉じてね」と伝えています。そうしたら本当に始めて一ヵ月で閉会したグループがあったり（笑）。

――続けるのって難しいんですね。

桃エ　長く続くことがいいことだとは思わない。自助グループは自分たちのためのものだから、別に続かなくてもいいと思うんですよね。
　グループが二～三年でなくなると、治療者や関係者がよく残念がりますけど、誰かのために無理して続ける必要なんてないと思います。自分の限界が来たらやめて、必要があればまた別の人が始める。

――これからのＮＡＢＡは？

※フェローシップ／ビギナー→用語集（107～109ページ）

桃エ　実は私、三十周年の記念フォーラムの準備をするのがユーウツだったんですよね。三十周年の区切りを迎えたら、「終わり」になっちゃうような気がして。いざ自分のこととなると割り切れなくて、複雑な思いはあるけど、一応、「自分ができるところまでやって、あとは解散ですね」とあえて強気に言っています。

誰かがＮＡＢＡを続けてくれたらそれはうれしいけど、私から次の世代の仲間たちに「引き継いで背負っていって」と押しつけたくはないです。

これまでの活動の中で、一生けんめい種まきをしてきたつもりです。芽が出て花が咲くのは、この場所を継ぐことではなくて、それぞれの身近な場所、地域で咲かせていくのが回復・成長だと思っています。

共感しつつ、違いを認め合う

――では最後に「ピアサポ祭り」について。

桃エ　女性同士のつながりから、依存症の仲間たちの根っことして性被害や虐待・暴力の問題があることが見えてきました。だから、従来の男性をモデルにしたアディクションの枠組みでは分かち合いの場が足りないと強く感じていました。

一方で、私自身はアディクションの考え方や仲間からもらったものが大きかったから、他の問題に取り組んでいる人たちにもアディクションの考え方を知ってほしいという思いがありました。シンプルに言えば、お互い出会ってほしかったんです（笑）。

ＤＶ・虐待、身体障害、発達障害、貧困、自死遺族などなど……幅広くさまざまな自助・ピアサポートグループに声をかけました。「生きづらさを力に変えて」をテーマにした二〇〇五年の第一回には六五団体、毎年増えて今年は一〇〇以上の団体が参加してくれました。

直樹　ひきこもりの子を持つお父さんの立場の方に体験談をお願いしたら、最初は「うちの子は依存症の人なんかとは違いますから……」という感じでした。でも、実際に来ていろいろな人たちと出会うと、最後はニコニコして帰って行かれました。知識や情報ではなく、生身の人間が場を共有することの力ってやはりすごいと思います。

桃エ　ピアサポ祭りで大切にしているのは、「共感しあえること」と「違いを認め合うこと」です。共感から力をもらえるのは言うまでもないけど、別の価値観を持った人たちとも一緒にできることがある、ということが希望になっています。

自助グループ関連の用語集

文責・編集部

断酒会関連

【例会・断酒例会】 地域の断酒会の定期的な集まり。会員や家族がそれぞれの体験を順番に語る。

【断酒の誓い】 例会の始まりに唱和される言葉。「一、私たちは酒に対して無力であり、自分ひとりの力だけではどうにもならなかったことを認めます」から始まる。

【連鎖握手】 例会の最後に、参加者が輪になって手をつなぎ「もっと強く、もっと賢く、もっと真剣に、やろう、やろう、やろう、やろう！」と唱和する。

【松村（断酒）語録】 松村春繁は全日本断酒連盟（全断連）の初代会長で、全国行脚して断酒会を広めた。この松村の言葉を、没後に全国の断酒会員から集め、五三ヵ条の語録として整理した。

【一日断酒】 一生酒をやめなければと思わず、まず今日一日だけ飲まずにいることを決意し、明日が来ればまた、今日一日だけ飲まない、というやり方。松村語録の「今日一日だけ止めよう。そして、その一日一日を積み重ねよう」から来ている。

【全国大会】 都道府県の持ち回りで毎年開催され、全国の断酒会員が一堂に会する。会員に限らず、関係者など一般からも参加できる。二〇一七年は第五四回。ブロック大会は、全国九ブロックで毎年開催される大会。

【断酒学校】 ブロックごとに二泊三日で開催される断酒会の研修会。二〇一七年現在は五ブロックで開かれている。そのほか断酒会の行事として全断連セミナー、ブロック研修会、一泊研修会、市民公開セミナーなどがある。

【指針と規範】 松村語録をもとにして、一九九四年に全日本断酒連盟（全断連）より初版が刊行された、断酒会の回復マニュアル。七の「断酒新生指針」と十の「断酒会規範」からなる。

【酒害・酒害者】 アルコールに依存することによって生じた身体と心、家族関係や社会生活への影響。酒害者とは酒害に苦しむ人を指す。「断酒新生指針」三では、例会での酒害体験として、家族や周囲の人を傷つけた行動、またその背景にあった考え方を振り返ることが重視されている。

【償い】 「断酒新生指針」六では、家族をはじめ迷惑をかけた人に対する償いは酒を断つことだけでは終わらないとして、相手の痛みを理解すること、率直に詫びること、などを挙げている。

【アメシスト】 断酒会で女性会員を呼ぶ言葉。ギリシャ神話で「泥酔から守ってくれる」宝石とされていることから。

12ステップ系

※一部の用語は、12ステップ系グループ以外でも使われています。

【12のステップ】 AAにおける回復の指針。アルコールに対する「無力」を認めることから始まる。他のアノニマス・グループでも同様のプログラムが使われている。

【12の伝統】 各アノニマス・グループが本来の目的から外れず、一体性を保ち続けるために使われているルール。

【アノニマス／アノニミティ】 アノニマスは「無名の、匿名の」と訳され、名詞形がアノニミティ。ミーティングなどの集まりで本名を名乗らなくてよいこと。また、グループのメンバーとして公の場に出る場合、フルネームを名乗らないこと。これによって、メンバーのプライバシーやメンバー間の対等性を守り、同時に、個人が社会的に注目されることやグループの意向を個人が代弁しようとするなどの危険を防ぐ。

【ミーティング】 グループの定期的な集まり。メンバー以外も参加できるオープン・ミーティングとメンバーのみのクローズド・ミーティングがある。なおビジネス・ミーティングは、運営に関わる話し合いを含むもの。

【ハイヤーパワー】 自分自身を超えた、偉大な力。12のステップでは、自分にはどうにもならない（無力）からこそ、自分を超えた力にゆだねる。

【スポンサーシップ】 より経験のあるメンバー（スポンサー）に助言や提案をしてもらう相互支援のシステム。助言を受ける側をスポンシーと呼ぶ。

【ステップ4・5（棚卸し）】 12のステップ4では、自分のこれまでの生き方を振り返って書き出す。ステップ5では、それを信頼する仲間（多くの場合スポンサー）の前で読み上げるなどして分かち合う。

【埋め合わせ】 12のステップ8ではかつて傷つけた人のリストを作り、ステップ9で相手に対して直接の埋め合わせを行なう。

【メッセージ】 12のステップの最後にあたるステップ12では、回復のプログラムを他の人に伝える。その具体的な活動がメッセージで、医療機関をはじめさまざまな場所に出向いて体験を語る。

【ビッグブック】 AAの基本テキスト『アルコホーリクス・アノニマス』の愛称。NAの『ナルコティクス　アノニマス』はホワイトブック。

【ソーバー／ソブラエティ】 英語でソーバーは「しらふ」の意味。AAでは「ソーバー○年」のように飲まずにいる期間のことも指す。名詞形のソブラエティは単に飲まずにいるだけでなく、しらふの生き方を深める意味でも使われる。同じく依存対象を離れることをNAではクリーン、ギャンブルや摂食障害ではアブスティネンスという。

【スリップ】 再飲酒のこと。NAでは再使用をリラプス（再発）と呼ぶことが多い。

【ワンデイ】 ミーティングに初めて参加した日、または酒や薬などをやめ始めた一日目。

【ビギナー】 グループにつながり、プログラムを始めたばかりの人。

【オールドタイマー】 グループにつながって長く回復を続けている人。

【バースデイ】 グループにつながり回復を始めた日。グループメンバーが寄せ書きなどで共に祝ってくれる。

【平安の祈り／小さな祈り】 ミーティングで唱えられる言葉。「神様　私にお与えください。自分に変えられないものを　受け入れる落ち着きを、変えられるものを　変えていく勇気を、そして二つのものを　見分ける賢さを」

【フェローシップ】 仲間との一体感。また、ミーティング後に仲間同士でおしゃべりしたりお茶を飲んだりする時間という意味でも使われる。

【ラウンドアップ】 AAの各地区や地域で開催される、ミーティングや各種アクティビティを含めたイベント。NAでは、コンベンション／ギャザリングと呼ぶ。

【サービス】 グループのための奉仕。司会、会計など自分が所属するホームグループの役割から、全国規模の委員会まで、さまざまな種類がある。

初めて自助グループへ行く人のために

どこでやっている？

次ページの自助グループ一覧を参考に、サイトで日程を調べるか、グループに電話かメールで問い合わせを。

事前連絡は？

多くの場合、参加にあたって事前の連絡は必要ありません。初参加に適したミーティングの種類がわからない場合などは、電話して聞いてみるとよいでしょう。

おためしＯＫ？

グループの形態は会員制・会費制、あるいは匿名で会場費を賄う目的の少額の献金制などさまざま。
会員制でも一度行ったら入会ということはなく、いずれのグループもおためし参加ＯＫです。
自分に合ったグループを探して数ヵ所に足を運んでみるのもよいでしょう。

当日は

10～15分ほど早めに会場に着くようにし「初めてです」と声をかけましょう。
参加者は順番に体験を話します。その日のテーマが決められている場合もあります。話しにくければパスしてよいし、参加することにした経緯を話してもいいでしょう。
なおアノニマス系の「オープン・スピーカーズ・ミーティング」はメンバーの体験を聴く集まりで、話す必要はありません。

感情・情緒の問題

●EA《イーエー》（本人）
http://emotionsanonymous-jp.org

共依存

●CoDA《コーダ》（本人）
http://www.coda-japan.org

AC（アダルトチャイルド）

●ACODA《エーシーオーディーエー》（本人）
http://www.acoda.org

●ACA《エーシーエー》（本人）
https://aca-japan.org

●ACoA《エーシーオーエー》（本人）
https://sites.google.com/site/acoajpn/

ひきこもり

●HA《エイチエー》（本人）
ひきこもりアノニマス。東京、神奈川、山梨、福岡でミーティングを開催。
http://hikikomorianonymous.org

トラウマ

●JUST《ジャスト》（本人）
日本トラウマ・サバイバーズ・ユニオン
☎ 03-6453-8440
さまざまなトラウマからのサバイバーによるグループ。オープン・ミーティングのほか、女性、ＤＶ被害、摂食障害、性虐待、夫のグループ、ゲーム依存など、多様なグループを東京で開催。

ゲーム

●ゲームをやめる会
オンラインゲームなど、ゲームをやめたい人のミーティングを東京の JUST で開催。
https://www.just.or.jp/?group=005382

カサンドラ症候群

発達障害（かもしれない）のパートナーとの関係に悩んでいる人たちの自主的なグループが、各地で開催されている。情報はインターネットがメインのため、「カサンドラ　自助グループ」と検索すると探すことができる。

障害者のきょうだい

きょうだいに障害者を持つ人の集まりが各地で開催されている。「全国心身障害者をもつ兄弟姉妹の会」のウェブサイトにいくつか紹介されているほか、「障害　きょうだい　自助グループ」で検索をすると探すことができる。

統合失調症

アメリカで始まった統合失調症などのグループＳＡ（スキゾフレニクス・アノニマス）が、各地に誕生。「ＳＡ　統合失調症」で検索を。

その他のグループ

「アディクション × 性的マイノリティ」「クロスアディクション」「アディクションやＡＣの生きづらさを抱えた人でママの立場」など、プロフィールを限定のミーティングが自助グループ経験者によって独自に運営されている。ＤＶ・虐待・性被害などのグループもあり、ネット上で情報が得られる。発達障害・うつ病・双極性障害・OCD、また自死遺族などのグループも各地にある。

常設電話がないところは、URL を掲載しています。
いずれのグループもホームページがあります。アルファベットのところは「AA アルコール」のようにして検索を。

自助グループのリスト

アルコール

●断酒会（本人・家族）
全日本断酒会連盟
☎ 03-3863-1600
一般例会のほか、家族会、シングル（単身者）、アメシスト（女性）、虹の会（身体障害を持つ人）などテーマ別例会も。

●AA《エーエー》（本人）
AA 日本ゼネラルサービス：JSO
☎ 03-3590-5377
誰でも参加できるオープン・ミーティング、本人限定や女性限定のクローズドがあるほか、「ヤング」「英語」「LGBT」などの特別ミーティングも開催。

●アラノン家族グループ（家族・友人）
アラノン内にＡＣグループもある。アラノン・ジャパン　☎ 03-5483-3313

薬　物

●NA《エヌエー》（本人）
ＮＡジャパン・セントラル・オフィス
TEL：03-3902-8869
「女性」「男性」「性的マイノリティ」などの特別グループもある。

●ナラノン・ファミリーグループ・ジャパン（家族・友人）
ナラノンＮＳＯ
☎ 03-5951-3571

●全国薬物依存症者家族会連合会(家族)
TEL：03-5856-4824

ギャンブル

●GA《ジーエー》（本人）
ＧＡ日本インフォメーションセンター
http://www.gajapan.jp

●ギャマノン（家族・友人）
ギャマノン日本サービスオフィス
☎ 03-6659-4879

●全国ギャンブル依存症家族の会(家族)
http://kaminomegumi2016.blog.fc2.com

買い物

●DA《ディーエー》（本人）
http://kaimonorouhi.jimdo.com

万引き

●KA《ケーエー》（本人）
各地でクローズド・ミーティングを開催。家族会を持つグループもある。インターネットで「KA」と検索し各ＫＡのサイトへ。

摂食障害

地域で活動する独立した自助グループが多く存在する。それぞれウェブサイトなどで広報しているので、「摂食障害　自助グループ」で検索するか、摂食障害回復支えあいサイト「未来蝶 .net」で検索。
http://future-butterfly.net

●OA《オーエー》（本人）
http://oajapan.capoo.jp

●NA《ナ》BA《バ》（本人）
http://naba1987.web.fc2.com
☎ 03-3302-0710
東京のほか、各地にグループあり。

●やどかり（家族）
☎ 03-3302-0580

性依存

●SA《エスエー》（本人）
http://www.sa-japan.org

●S-Anon《エサノン》（家族）
https://sites.google.com/site/sanonjapan/
※ いずれもクローズド・ミーティング

季刊 Be！増刊号 バックナンバー 各1000円＋税

◆増刊号 No.13
回復の力
勇気をくれる21人の物語

◆増刊号 No.14
オトコの気持ち、オンナの事情
「らしさ」の向こうに見えるもの

◆増刊号 No.15
終わらない「家族」という関係
めぐる時間の中で
何が生まれた？

◆増刊号 No.16
依存症って何？
どこから病気？
どうやって抜け出す？

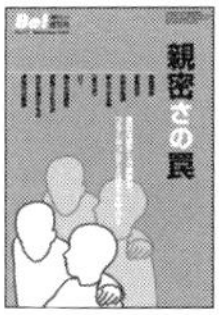

◆増刊号 No.17
親密さの罠
身近な誰かとの関係が、
つらくなったことは
ありますか？

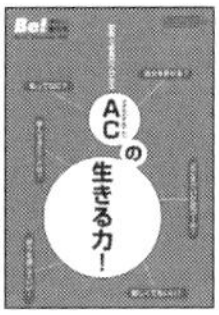

◆増刊号 No.18
ＡＣの生きる力！
回復と成長のプロセス

◆増刊号 No.19
回復のルール
20人がつかんだ
［知恵と工夫］

◆増刊号 No.20
依存症者と家族／ＡＣのための
人生ガイドブック

◆増刊号 No.21
「死にたい」「生きたい」

の間に何があった？

◆増刊号 No.22
アルコール・薬物・
ギャンブル依存
こうして治療につながった！

◆増刊号 No.23
アルコール・薬物・
ギャンブル・摂食障害
家族はどうしたらいいのか？

◆増刊号 No.24
はまった理由
《依存症回復者80人の声》

◆増刊号 No.25
脱！世代連鎖
《いったい、何がどう
連鎖するの？》

本号は、『Be！』［季刊ビィ］の増刊号です。年間購読をお申し込みになると、3・6・9月に本誌を、12月に本誌＋増刊号をお届けします。『Be！』は、アルコール・薬物依存症や摂食障害、共依存からの回復、アダルト・チャイルド（ＡＣ）の課題、人間関係などをテーマにした雑誌です。

本誌の購読方法

●年間購読

《郵便振替の場合》口座番号【00120-6-573894 アスク・ヒューマン・ケア】年間購読料4,778円（本誌４冊＋増刊号１冊／税・送料込）振替用紙に「○○号より年間購読」とご記入ください。入金確認と同時に郵送します。

《オンラインショップの場合》www.a-h-c.jp（トップページ右上のバナーをクリック）

※バックナンバーのお申し込みも受け付けています。売り切れの号もありますので、直接お問い合わせください。２冊以上の場合もお問い合わせを。**TEL.03-3249-2551**

●書店からの定期購読

書店に購読をお申し込みください。取次は「地方小出版流通センター」と必ず言い添えて。

本誌…定価（800円＋税）増刊号…定価（1,000円＋税）地域によってはお手元に届くまでに日数がかかる場合があります。送料はかかりません。

●10冊以上の大量購入

同じ号をまとめて10冊以上なら１割引・送料無料。20冊以上は２割引・送料無料。

『Be！』増刊号No.26

この一冊で「自助グループ」がわかる本

《行ってる人も・迷ってる人も・作りたい人も》

2017年12月10日発行　定価（本体1,000円＋税）

編集及発行者　今成知美
発行　ＡＳＫ（アルコール薬物問題全国市民協会）
発売　(株)アスク・ヒューマン・ケア
〒103-0007　東京都中央区日本橋浜町3-16-7-7F　TEL.03-3249-2551

ＡＳＫホームページ　www.ask.or.jp　E-mail　ask@t3.rim.or.jp
アスク·ヒューマン·ケア　ホームページ　www.a-h-c.jp
印刷　明和印刷株式会社　本誌の複写・転載を禁じます
ISBN978-4-909116-02-4 C0011 ¥1000E

※メルマガ「ＡＨＣ便り」は月２回、無料配信。セルフケアのヒントやセミナーの情報、講師の声など。登録はwww.a-h-c.jpから。